当代中国
流行文化研究丛书

流行语折射的旅游文化

国家社科基金项目系列成果
北京市新闻出版局重点图书

丛书主编◎仓理新
本书主编◎仓理新 李因
副主编◎徐菊凤 赵晓燕 章晓盛

旅游教育出版社

策划编辑：赖春梅
责任编辑：陈　志

图书在版编目(CIP)数据

流行语折射的旅游文化/仓理新，李因主编.
—北京：旅游教育出版社，2010.7
(当代中国流行文化研究丛书)
ISBN 978-7-5637-1949-5

Ⅰ.①流… Ⅱ.①仓…②李… Ⅲ.①汉语—社会习惯语—关系—旅游—文化—中国 Ⅳ.①H136.4②F592

中国版本图书馆CIP数据核字(2010)第015516号

当代中国流行文化研究丛书
流行语折射的旅游文化
仓理新　李　因　主编
徐菊凤　赵晓燕　章晓盛　副主编

出版单位	旅游教育出版社
地　　址	北京市朝阳区定福庄南里1号
邮　　编	100024
发行电话	(010)65778403　65728372　65767462(传真)
本社网址	www.tepcb.com
E-mail	tepfx@163.com
印刷单位	北京中科印刷有限公司
经销单位	新华书店
开　　本	880×1230　1/32
印　　张	7.25
字　　数	145千字
版　　次	2010年7月第1版
印　　次	2010年7月第1次印刷
定　　价	25.00元

(图书如有装订差错请与发行部联系)

作者简介

· 主编 ·

仓理新

首都师范大学政法学院社会学与社会工作系教授、社会学博士，主持2006年国家社科基金项目“当代中国流行文化研究”并主编本丛书。主要成果：策划、编辑的图书荣获国家级、省部级奖励9项。主编的《当代中国流行文化研究丛书》被北京市新闻出版局定为2009年重点图书，从2010年起将陆续出版5～7部专著。本人已出版著作7本，在权威期刊、核心期刊发表学术论文几十篇，主持并完成教育部和北京市教委科研课题各一项。代表作：《书籍传播与社会发展——出版产业的文化社会学研究》（首都师范大学出版社2007年）、《社会学视角下的旅游文化现象》（《旅游学刊》2008年第12期）、《旅游文化的社会学探讨》、（《首都师范大学学报》2009年第2期）、《从流行语看流行文化——以超女选秀为例》、（《新华文摘》2009年第1期）等。

李因

北京联合大学旅游学院党委书记、理学学士、研究员。主要成果：2006年国家社科基金项目“当代中国流行文化研究”子课题《旅游流行文化》课题组负责人，发表论文有《中国高等教育五十年》、《论面向21世纪的高等师范教育》、《高校党委书记应处理好的八个关系》、《旅游文化的社会学探讨》、《高等旅游院校人才培养模式调查研究》等，出版专著《成功创业创新法》。

· 副主编 ·

徐菊凤

北京联合大学旅游学院休闲与旅游研究所副所长、中国旅游未来研究会理事、博士、研究员。主要成果：曾在《旅游学刊》、《人文地理》、《光明日报•理论版》等国内外报刊上发表论文40多篇。主持完成了北京市哲学社科“十一五”规划项目《北京散客旅游服务体系与管理模式研究》、国家社科基金子课题《当代大众休闲旅游发展趋势研究》、北京市教委课题《北京文化旅游发展战略研究》等多项国家、省部、市级课题，以及《重庆市綦江县旅游发展规划》、《北京昌平丽水温泉现代休闲旅游聚集区总体规划》等规划项目。

赵晓燕

北京联合大学旅游学院休闲与旅游管理系教授、市场营销专业负责人。主要成果：主持国家级课题1项，省部级课题1项；参与国家社科基金项目1项，省部级项目2项，国际合作项目1项，市级项目3项，横向课题多项；发表学术论文三十多篇，出版专著1部，出版《市场营销》、《旅游经济》和《旅游概论》等教材多部。担任国家劳动人事部旅游职业资格考试委员。

章晓盛

北京联合大学旅游学院休闲与旅游管理系讲师，主要从事旅游企业财会教学与研究工作。

· 撰写人 ·

王　萌　董　适　赵宇徽　李稚子　姚薇薇

（撰写人系首都师范大学、北京联合大学旅游学院学生，参加本书部分稿件的撰写）

目 录

序　言

流行文化社会学研究的新进展

“当代中国流行文化研究”是2006年度国家社会科学基金项目社会学课题指南项目。课题承担者仓理新教授在注重研究社会成员日常生活热点的基础上，设计了几个子课题，内容涉及旅游文化、网络文化、健身文化等当代我国大众比较热衷的领域。项目的最终成果是关于当代中国流行文化的研究报告。由于作者以流行语为切入点的思路很有新意，在课题未结题时就引起了出版界的兴趣，被北京市新闻出版局列入2009年度重点图书选题。主编仓理新教授在完成国家社科基金项目的研究过程中开发了这套丛书。应该说，这套丛书无论在理论研究方面，还是在实证研究方面都具有很高的学术价值和应用价值。

新中国建立后我国对文化的社会学研究，始于20世纪80—90年代，但尚未涉及，或者说尚未真正涉及大众流行文化，因为大众流行文化是工业社会后期为广大社会成员消费的文化，与社会经济发展水平、都市化程度、中间阶层数量等社会指标的提高紧密相连。近年来我国经济持续发展、城市化进程加快、中间阶层数量增加，特别是电视在城乡居民家庭中成为日常生活用品，因此流行文化研究才被正式提上日程。这套丛书作为21世纪“十一五规划”开局之年的成果，反映了这一新的社会趋势，是有新的社会学意义的。

近年来，相关机构虽然每年发布流行语，但只是列举了流行语是什么。至于形成流行语的社会渊源、流行语反映的社会热点、流行语传播的社会效果、流行语的发展趋势以及对社会变迁的影响等更加深刻的社会问题，则几乎没有著作涉及。这套丛书对上述问题作了深入的探讨和研究，是我国学者对语言社会学进行的具有某种开创意义的研究。社会语言学和语言社会学都是语言学与社会学相交的交叉学科。社会语言学把流行语看做一种词汇现象。从研究的角度来说，是一种词汇的分类研究。语言社会学把流行语看作反映社会文化的符号。研究角度是揭示符号互动引发的社会变迁。丛书把流行语作为观察社会文化的视角，重点探讨流行语背后反映的社会问题，因此，这不能不对语言社会学注入了某种新意。这是该丛书的第二个新的社会学意义。

丛书的第三个社会学意义是拓展并夯实了相关的社会学分支学科。对流行文化的研究涉及许多社会学分支学科，例如文化社会学、语言社会学、旅游社会学、体育社会学、日常生活社会学、闲暇社会学、消费社会学等分支学科。此外，丛书此次开展了网络流行文化的研究，不仅收集了官方媒体和网络媒体发布的流行语，还探讨了与网络流行文化相关的社会问题，为目前正在形成的网络社会学分支学科增添了某种新因素、新东西。

就应用价值来说，该套丛书对文化创意产业有不小的参考意义。现代社会的一个突出特点是为人服务的行业逐渐取代向自然索取资源和加工资源的行业，即第三产业的规模日益扩大。其中文化产业创造的效益在第三产业中的比重日益增加，文化产品成为社会大众的日常消费品。技术的发达使传统的工作方式逐渐被淘汰，人们的闲暇时间日益增多。“以人为本”的观念日益深入人心，因此社会学研究的一个重要方面，也从以往重视宏观研究向贴近日常生活的微观研究转变。这套丛书中列举了许多利用文化元素开发文化产品，在市场上获得效益的成功案例，为我国新兴的文化创意产业提供了经验研究的依据和数据。

同时，在该书的实证研究中，作者在中外几十个国家留学生中做了关于当代中国流行文化的几百份问卷的定量分析研究，此数据非常珍贵。从问卷调查反映的数据中，可以了解到外国留学生对中国文化的兴趣和态度，这对从另外一个角度了解中国是很有实际意义的。

当今世界越来越强调科研成果的转化和应用。丛书主编在这方面也做了很好的尝试，不仅开发了这套丛书并获得出版资助，还开设了一门受高校本科生欢迎、评价不低的课程。她于2008 年秋季在首都师范大学为全校本科生开设公选课：流行语反映的时尚文化。近 300 名学生报名选修，遍及全校文理、艺术等各科 13 个二级学院，覆盖一至四年级学生。期末学生对本课程的评价优秀，评分 92.03。目前，这门课也获得资助，将编写出高校本科生通识选修课教材。

综上所述，这套丛书向读者展示了我国 21 世纪初期流行文化的状况和发展趋势。丛书不只是记录、描述了当代中国的流行文化是什么，还揭示了流行文化形成的社会历史渊源和引起的社会后果。对流行文化引起的社会问题作了深入分析，并提出了可行性解决思路，为政府决策提供了参考依据。丛书把流行语视为流行文化的亮点和特质，将同类文化特质整理成文化集丛，通过对不同文化集丛的研究探究流行文化的模式和体系。这是很有新意的探索。

中国社会学会名誉会长、中国人民大学一级教授

郑杭生

2009年9月于中国人民大学社会学理论和方法研究中心

导 论

一、本书是国家社会科学基金项目的子项目

（一）项目概述

“当代中国流行文化研究”是2006年度国家社会科学基金项目社会学领域的题目（批准号：06BSH036）。

本项目对流行文化领域的经验事实作了系统的描述和分析，为深入研究提供了重要依据。流行文化是涉及社会成员衣食住行的广泛领域，这些领域直接影响社会成员的生活方式，导致社会结构的改变并引起社会变迁。项目负责人拓展了研究思路和视角，认识到流行文化不仅包括流行音乐、歌曲、影视、畅销书等文艺形式，还包括与社会生活密切相关的休闲方式。负责人注意到近年来我国社会成员热衷的旅游、健身、上网等时新的休闲方式，并在研究报告中开设了相关子项目，为社会学今后在生活方式方面的研究作了新的描述、分析、解释和预测，丰富和夯实了社会学分支学科。

“当代中国流行文化研究”项目的结构由一个主项目和若干子项目组成。主项目的研究成果是主报告，子项目的研究成果是专题报告，项目的最终成果是由主报告和专题报告组成的研

究报告。旅游流行文化是整个项目中的子项目之一，是课题的阶段性研究成果。在研究过程中，项目组成员认识到旅游文化是一个涉及面广泛的文化体系，辐射到社会大众日常生活的方方面面。旅游不仅关系到社会成员的衣食住行，同时也是社会成员度过闲暇的休闲方式之一。最重要的是由旅游引发的社会行为已经形成了规模日益扩大的旅游产业，并且在 2004 年被国家统计局列为文化产业的一个门类。因此，关于旅游流行文化的研究，不只是写出专题报告，而是可以形成一部学术著作。

关于中国流行文化的研究可以形成一套涉及旅游社会学、网络社会学、体育社会学等众多社会学分支学科的丛书。这套丛书以不同领域的流行语为切入点，重点研究流行语折射的社会文化现象，丛书已经被列入北京市 2009 年重点图书选题。《流行语折射的旅游文化》是丛书中的一本，作者以北京联合大学旅游学院的教师和研究人员为主。

（二）成果的创新性

关于当代流行文化的研究在我国属于创新性研究，其创新性表现为以下四方面。

1. 项目立意新

关于我国流行文化的研究既是改革开放以来的新题目，也是“十一五”开局之年的新课题。

2. 研究角度新

项目从流行语切入，是研究流行文化的新视角，同时也是跨学科、跨文化的交叉研究。

3. 选用材料新

项目选用的主流媒体流行语于 2003 年首次发布，是 21 世纪的新材料。这个新材料不断拓展创新，流行语的选取从报纸扩展到广播电视、网站等媒体，分类也越来越多、越来越细。

4. 开拓领域新

项目超越了以往对流行音乐、歌曲、电影、小说等文艺形式的研究，注重对社会成员生活方式的研究。开拓了对近几年我国社会大众在休闲方式的消费倾向方面的研究，如旅游文化、网络文化和大众健身文化方面的研究。

（三）成果的成熟程度

1. 资料和数据准确系统

本项目研究的依据是近年来主流媒体流行语。这些流行语从2003年开始，由我国几家权威机构国家语言资源监测与研究中心、北京语言大学、中国传媒大学、华中师范大学、中国新闻技术工作者联合会、中国中文信息学会等单位联合发布。它们依据“发行量”等因素，选取了15家报纸、9家电视台、5家广播电台、5家网站一年多达11亿字的语料，汇入北京语言大学应用语言学研究所DCC博士研究室的动态流通语料库，进行动态加工分析。在筛选时考虑了流行语的起点、峰值与谷值的落差、流行高峰持续期等相关因素，分析了流行语的变化特点，从而使筛选过程更加精密化、效率化、科学化。上述单位每年公布的流行语建立在客观、准确、系统的基础上，目前是国内最权威、最可靠的语言资料①。

2. 操作性强的可行性成果

本项目在科研成果的转化和应用方面作了可行性尝试。除

① 关于流行语的资料可以参考商务印书馆2006年以来每年出版的《中国语言生活状况报告》和文汇出版社2005年以来每年出版的《中国流行语》。

了以上谈到的被纳入北京市2009年重点图书选题计划外，课题组成员还在核心期刊发表了若干学术论文。

项目负责人利用该项目的研究成果为首都师范大学的本科生开设了一门受欢迎、评价高的课程。她于2008年秋季在首师大为全校本科生开设公选课：流行语反映的时尚文化。近300名学生报名选修，遍及全校文理、艺术等各科13个二级学院，覆盖一至四年级学生。期末学生对本课程的评价优秀，评分92.03。课程中有关于流行语反映的旅游文化专题，在授课过程中受到学生欢迎，课程互动效果强，师生之间展开了热烈讨论。学生反映，以流行语为切入点，重点探讨隐含在流行语背后的社会文化背景和与此相关的因果关系，对他们观察、认识社会文化现象，把握文化思潮的发展趋势很有帮助。本项目各个专题的相关案例，丰富了他们运用文化元素开发、打造文化产品，运营文化创意产业的经验知识。

（四）基本思路及研究方法

1. 基本思路

课题设计思路源于国家社科基金项目2006年度课题指南·社会学学科第32题“当代中国流行文化研究”，该题为应用对策研究，不曾在近几年的课题指南中出现，是新课题。

本课题的基本思路是：描述现象，分析因果，预测趋势，提出方案。整理成问题就是运用社会学的理论（文化社会学及社会学分支学科等理论）和方法，①研究当代中国流行文化是什么；②分析其生成的原因、影响的范围、涉及的社会群体；③探讨流行文化产生的后果，即产生的社会效益和经济效益；④分析该文化现象将对当代社会发展有何种导向及与构建和谐社会的关系，决策者应如何应对；⑤观察哪些文化现象能继续流传。

2. 研究方法

本课题的研究方法是以2003—2008年五年间权威机构公布的流行语信息为依据，运用文献、访谈、问卷、社会调查、定量分析、定性分析等手段和方法对以上设定的问题进行描述、分析、解释、概括及预测，并对其中某些问题提出对策及解决方案。

除了运用上述社会科学研究中通用的方法外，本课题还用了对文化现象的观察法、分类法和分析法研究流行文化。具体做法是用观察法把流行语看做文化特质，即文化现象的点；用分类法把同质、同类的流行语整理为文化集丛，即文化现象的线和面；用分析法探索某类文化集丛现象形成的原因、发展过程和影响、未来的走势以及不同文化集丛之间的相互关系，试图归纳概括出持续对社会成员价值观形成影响的文化模式，即文化现象的立体模块或文化系统。这就好比把社会文化看做树，流行语文化特质则是叶和花；各种流行语文化集丛是树枝；相互交错、强大的文化集丛形成文化模式，即树的主干；叶、花、枝、干构成树的整体，即社会文化系统。

上述收集、观察、整理、分析文化现象的方法，最终达到对文化现象从点、线、面到模块和系统的整体认识。

有以下一些具体研究步骤：

①收集和整理文化现象

首先整理出文化集丛。将同类流行语文化特质整理成文化集丛，例如，旅游文化集丛、网络文化集丛等，并开设相关子课题进行专题研究。

② 全面观察文化现象

观察视角决定课题内容分纵、横两方面，纵观 2003—2008 年这五年流行语反映出的流行文化脉络和轨迹，特别关注那些持续影响社会成员价值观的文化现象；横览每年的重点流行文化现象并作专题研究，例如，近几年的“国学复兴”现象、2005 年的“超级女声”现象、网络文化现象等。

③实证研究

对不同年龄、国家、地区、职业、文化程度的社会成员作关于流行文化认识和感觉的相关调查和定量分析研究。

④评价文化现象及趋势

在对这五年流行文化现象观察、描述的基础上，对流行文化的主流现象和发展趋势作出评价。

（五）局限与不足

1. 只研究了部分载体的流行语

受时间、资金、人力等许多条件的限制，本课题主要研究我国的报纸、广播、电视、网络等主流媒体发布的流行语，而对书籍、杂志、手机等流行语载体传播的流行语则没有涉及。

2. 只研究了书面形式的流行语

前面谈到本课题依据的数据资料主要来源于报纸、广播、电视、网络等每年约十几亿字的语料，这些语料是文字形式的书面语言，而非生动鲜活的口头语言。

3. 只研究了官方的流行语

本课题依据的流行语资料来源于政府主办的媒体，而对于民间的流行语则没有研究。

二、旅游的流行文化特点

本书第一章第三节列举了与旅游相关的流行语，我们把这些流行语整理为旅游文化集丛。纳入旅游文化集丛的流行语涉及旅游者、旅游目的地、旅游机构、旅游热点、旅游管理、旅游法律法规等许多旅游领域的问题，笔者认为可以将这些问题统称为旅游文化。旅游业的产生、发展起源于旅游者的需求，这种需求是建立在社会成员满足了衣食住行等人类生存的最基本需求之上的，与阅读、听音乐、看电视、上网等一样，都属于人类的文化需求。工业社会以前的社会，由于生产力水平、经济状况、交通工具、闲暇时间等限制，绝大部分社会成员是不可能旅游的，也不可能形成为之服务的旅游机构。只有在生产力水平提高、经济状况改善、交通发达、闲暇时间增多的发达工业社会后期和后工业社会，才能有越来越多的社会成员从事旅游活动。正是这些日益增多的旅游行为，使旅游文化成为流行文化的一部分，使旅游业成为文化产业的一个门类。以下列举的旅游人数及旅游业规模、旅游文化的特点和旅游产业的归类，都是旅游文化属于流行文化的佐证。

（一）越来越多的社会成员热衷旅游

自 2007 年至 2016 年，中国的旅游业将取得 8.7% 的实际年增长率，中国将在 10 年内成为世界上第二大旅游和旅行经济强国。旅游业规模无论从人数上还是从收入上都将不断扩大。预计“十一五”期间旅游收入年均增长 10%。而到 2010 年，中国旅游业总收入将达 12 260 亿元人民币，年均增长 10% 左右，相当于GDP的7%。到2020年，中国将成为世界第一大旅游目的地国和第四大客源输出国，旅游业总收入将达到25 000亿元人民币以上,年均将增长7%,占GDP的比重将提高到8%左右。2010年和2020年国际旅游人数将分别增长到10亿人次和15.6亿人次，1995—2020年的平均增长速度将达到4.1%[①]。

（二）旅游文化具备流行文化的特点

旅游不仅具备流行文化的特点，还具有自身的特点。旅游涉及日常生活的方方面面，是社会成员度过闲暇的一种形式。旅游的性质是文化娱乐和文化消费。旅游是参与人数众多、涉及领域广泛的社会文化现象。旅游文化涵盖从最基本的衣食住行，到跨越空间、国家、民族等波澜壮阔的全球性潮流。参与旅游的社会成员不受阶级、民族、国家、语言、职业、学历、年龄、性别、兴趣、财产等诸多限制，只要有满足基本生存以外的财力和相对的闲暇，就可以参与旅游活动。由旅游行为引发的旅游者和旅游目的地及其民情、民俗，旅游者和旅游机构等之间的关系，构成了涉及众多人口、地域、民族、国家、风俗、语言文化、生活方式等的大文化体系。因此，旅游文化是当代流行文化的重要组成部分。

（三）旅游业是文化产业的一个门类

为贯彻落实党的十六大关于文化建设和文化体制改革的要求，改进和完善文化产业统计工作，规范文化及其相关产业的口径、范围，国家统计局在与中共中央宣传部及国务院有关部门

① 2007年中国旅游业研究咨询报告[EB/OL].No:yb07-16563.(2007—01).中国报告大厅市场研究报告网.

共同研究的基础上，制定了《文化及相关产业分类》的文件，于2004年4月1日发布。文化产业分类的主要内容来源于《国民经济行业分类》，它是根据文化活动的特点将行业分类中相关的类别重新进行的组合，所以也是《国民经济行业分类》的派生分类。依据分类原则，将文化及相关产业划分为四层。第一层按照文化活动的重要性分为文化服务和相关文化服务两大部分。旅游文化服务属于第一部分文化服务中的第六类文化休闲娱乐服务。

从广义上讲，文化是指人类创造的一切物质产品和精神产品的总和；从狭义上讲，文化是指语言、文学、艺术及一切意识形态在内的精神产品。《文化及相关产业分类》从国家有关方针政策和课题组的研究宗旨出发，结合我国的实际情况，将文化产业的概念界定为：为社会公众提供文化、娱乐产品和服务的活动，以及与这些活动有关联的活动的集合。根据上述界定，文化产业的范围包括提供文化产品（如图书、音像制品等）、文化传播服务（如广播电视、文艺表演、博物馆等）和文化休闲娱乐活动（如游览景区服务、室内娱乐活动、休闲健身娱乐活动等），它构成文化产业的主体；同时，还包括与文化产品、文化传播服务、文化休闲娱乐活动有直接关联的用品、设备的生产和销售活动以及相关文化产品（如工艺品等）的生产和销售活动，它构成文化产业的补充。

为反映党中央关于文化建设和文化体制改革的要求，《文化及相关产业分类》还可组合出文化产业核心层、文化产业外围层和相关文化产业层。旅游文化服务属于文化产业核心层中的第六类文化休闲娱乐服务。文件的最后还提到对公园管理、游乐园、休闲健身娱乐等边缘活动是否纳入文化产业，也存在不同认识。从表面上看这些活动与文化的关系不太直接，但它们作为公众可直接参与的旅游娱乐消费，推动了我国文化市场的多元化发展和健康繁荣，反映了公众闲暇时间的分配和精神生活的质量。所以，文件也将此类活动纳入文化产业。

三、旅游反映社会变迁

探讨社会变迁与旅游之间的关系是旅游社会学研究的重要问题。改革开放以来，由于社会经济的发展、科学技术的进步、政治环境的宽松，以及国际环境的变化刺激了国民旅游消费需求的增长，由此产生的旅游行为引起了社会结构的改变。从宏观角度而言，旅游业在国民经济中所占比重日益增加，以至国家专门成立了中央层面的旅游协调机构——全国假日旅游协调办公室。政府针对国民的旅游行为调整休假制度。从微观角度而言，旅游不仅充实了个人的休闲方式，也是个人的就业方式。以下表格和数据反映了旅游行为对社会结构的改变。

（一）国民旅游消费需求旺盛

1. 旅游消费需求年增长率超过 GDP 年增长率

表 1 1994—2006 年旅游人数、收入状况

年份	旅游人数（百万）	旅游收入（亿元）	人均花费（元）
1994	524	1 023.5	195.3
2000	744	2 235.3	426.6
2006	1 394	6 229.7	446.9

（此表根据《中国统计年鉴2007》表19—7制作）

表格中的数据反映出我国公民的旅游人数从 1994 年的 5.24 亿人次，增长到 2006 年的近 14 亿人次，增长了约 1.7 倍，平均年增长率约为 9%。20 世纪最后 6 年的旅游人数的平均年增长率约为 7%，进入 21 世纪初的 6 年间，旅游人数的平均年增长率约为 13%。

旅游收入从 1994 年的 1023.5 亿元，增长到 2006 年的 6229.7 亿元，增长了 5 倍，平均年增长率约为 17%。20 世纪末旅游收入平均年增长率约为 17%，21 世纪前 6 年旅游收入平均年增长率约为 23%。数据显示，21 世纪前 6 年我国旅游人数和旅游收入出现迅猛增长，无论是旅游人数的平均年增长率 13% 还是旅游收入的平均年增长率 23% 都超过国内生产总值 10% 的平均年增长率。

2. 旅游消费需求增长的原因

（1）社会成员收入增加

旅游消费需求增长的直接原因是我国改革开放以来，社会成员的收入日益增加。只有社会成员用于消费的资金增加了，才可能满足他们的旅游消费需求。以下表格的数据，表明了当代中国人民生活水平的状况。数据表明我国国民收入逐年上升和恩格尔系数逐年下降的态势。

我国城镇居民家庭人均可支配收入从 1978 年的 343.4 元，增加到 2006 年的 11 759.5 元，增加了 11 416.1 元、33 倍，平均年增长率约为 14%；农村居民家庭人均纯收入从 1978 年的 133.6 元，增加到 2006 年的 3 587 元，增加了 3 453.4 元、26 倍，平均年增长率约为 13%。

城镇居民家庭恩格尔系数从 1978 年的 57.5%，下降到 2006 年的 35.8%；农村居民家庭恩格尔系数从 1978 年的 67.7%，下降到 2006 年的 43%。恩格尔系数（Engel's Coefficient）是食品支出总额占个人消费支出总额的比重。一个家庭的恩格尔系数越小，就说明这个家庭经济越富裕。根据联合国粮农组织提出的标准，恩格尔系数在 59% 以上为贫困，50% ~ 59% 为温饱，40% ~ 49% 为小康，30% ~ 39% 为富裕，低于 30% 为最富裕。数据表明 21 世纪以来，我国大部分人口的生活处于小康和富裕水平，所以国民旅游消费的需求逐年增长。旅游消费改变了家庭消费的传统结构。

表 2　城乡居民家庭人均收入及恩格尔系数

年份	城镇居民家庭人均可支配收入(元)	农村居民家庭人均可支配收入(元)	城镇居民家庭恩格尔系数(%)	农村居民家庭恩格尔系数(%)
1978	343.4	133.6	57.5	67.7
1980	477.6	191.3	56.9	61.8
1985	739.1	397.6	53.31	57.8
1990	1 510.2	686.3	54.24	58.8
1995	4 283	1 577.7	50.090 6	58.6
2000	6 280	2 253.4	39.442 18	49.1
2005	10 493	3 254.9	36.7	45.5
2006	11 759.5	3 587	35.8	43

（资料来源：《中国统计年鉴2007》，人民生活，年度数据，统计数据，中华人民共和国国家统计局网站，http://www.stats.gov.cn/tjsj/ndsj/2007/indexch.htm）

（2）交通支出大幅增加

以下两表分别列出城镇居民家庭和农村居民家庭的消费支出构成。数据显示无论城镇还是农村，人们在食品、衣着方面消费的比例都呈现出下降的趋势，而在交通通信和教育文化娱乐服务方面消费的比例则呈现出上升趋势。例如：从1990年到2006年间，城镇居民家庭的食品支出从54.25%下降到35.78%，衣着支出从13.36%下降到10.37%；而交通通信支出从1.2%上升到13.19%，教育文化娱乐服务支出从11.12%上升到13.83%。农村居民家庭的食品支出从58.80%下降到43.02%，衣着支出从7.77%下降到5.94%；而交通通信支出从1.44%上升到10.21%，教育文化娱乐服务支出从5.37%上升到10.79%。交通通信支出上升了10倍左右，是家庭消费各项支出上升速度最快的，说明了社会成员用于旅游的消费支出在快速增加。

表3 城镇居民家庭消费支出构成情况

年份	1990	1995	2000	2005	2006
食品	54.25	50.09	39.44	36.69	35.78
衣着	13.36	13.54	10.01	10.08	10.37
家庭设备用品及服务	10.14	7.44	7.49	5.62	5.73
医疗保健	2.01	3.11	6.36	7.56	7.14
交通通信	1.2	5.18	8.54	12.55	13.19
教育文化娱乐服务	11.12	9.36	13.40	13.82	13.83
居住	6.98	8.02	11.31	10.18	10.40
其他商品与服务	0.94	3.25	3.44	3.50	3.56

（资料来源：《中国统计年鉴2007》，人民生活，年度数据，统计数据，中华人民共和国国家统计局网站，http://www.stats.gov.cn/tjsj/ndsj/2007/indexch.htm）

表 4 农村居民家庭生活消费支出构成情况

年份	1990	1995	2000	2005	2006
食品	58.80	58.62	49.13	45.48	43.02
衣着	7.77	6.85	5.75	5.81	5.94
居住	17.34	13.91	15.47	14.49	16.58
家庭设备用品及服务	5.29	5.23	4.52	4.36	4.47
交通通信	1.44	2.58	5.58	9.59	10.21
教育文化娱乐服务	5.37	7.81	11.18	11.56	10.79
医疗保健	3.25	3.24	5.24	6.58	6.77
其他商品及服务	0.74	1.76	3.14	2.13	2.23

（资料来源：《中国统计年鉴 2007》，人民生活，年度数据，统计数据，中华人民共和国国家统计局网站，http://www.stats.gov.cn/tjsj/ndsj/2007/indexch.htm）

（3）闲暇时间增多

社会生产力的发展提高了劳动效率，不仅增加了国民收入，也增多了社会成员的闲暇时间。我国自 1995 年起，开始实行了 5 天工作制，1999 年 9 月国家又实施了“三个长假日”，2008 年调整黄金周休假制度，增加小长假和带薪休假。我国政府利用社会政策不断增加社会成员的休息时间，这意味着社会成员一年中有 1/3 以上的时间是在法定假日中度过的。法定假日加上平日闲暇（按每天 2 小时算），我国公民每年享有的闲暇时间约 150 天。有些特定人群的闲暇时间更多，例如：拥有寒暑假的全日制各类教育机构中的教师和学生、离退休人群等。

纵观人类社会历史进程，休闲时间的增加与社会生产力的进步紧密相连。约 1 万年前至工业社会前，农耕时代的人类只有10%左右的时间用于休闲。18世纪70年代，能源动力机器的使用将休闲时间增加到23%。20世纪90年代，电子化的动力机器提高了每一件工作的速度，从烧饭一直到交通，因而使得人们能将生活中41%的时间用于追求娱乐休闲。预计到2015年前后，随着知识经济和新技术的迅猛发展，人类将有50%的时间用于休闲。每周工作时间一直在持续地减少，从1700年左右的72小时到1859年的69.8小时，直到20世纪90年代的不到40小时；近些年，西方国家有些人在谈论30个小时周工作时间。24小时的周工作时间正在被争论，多种工作形式已经出现[①]。

以中国人民大学休闲经济研究中心主任王琪延教授为首的“生活时间分配课题组”所做的抽样调查显示：我国城市居民每天闲暇时间为6小时6分钟，与工作、个人生活必需、家务劳动三类活动分别占总时间的21%、44%、10%和25%。从终生时间分配来看，工作时间仅占人一生的1/10，生活必需时间占一半，闲暇时间占1/3。来自劳动和社会保障部的统计也显示，目前我国职工全年月平均工作天数和工作时间分别为20.92天和167.4小时，全年工作总时数为2 008.8小时，按工作时间横向比较，闲暇时间的拥有与美国、英国、日本等发达国家职工差不多[②]。

人类拥有多余的时间才能追求自我价值的实现和精神生活的满足。知识经济时代的来临，将使未来的社会以史无前例的速度变化着。休闲将成为人类生活的重要组成部分并引起两个后果：其一是人们生活方式、工作方式发生了很大变化，在提

① 成思危．知识经济时代与人的休闲方式变革．自然辩证法研究．2003（2）：70—71.

② 于长洪，葛素表．调查显示：国人三分之一时间在闲暇中度过．新华网 news.qq.com/a/20060502/001014.htm.

高效率的同时也将有更多的闲暇时间；其二是随着经济全球化、网络化的到来，文化之间的相互融合、相互渗透也会在越来越多的方面体现出来。这些后果将催生以休闲为目的的文化产业。社会大众将把更多闲暇用于读书、上网、看电视、旅游、健身等领域。

（二）社会结构因旅游消费而改变

国民经济的增长逐渐能够满足社会成员的旅游消费需求，社会成员不断增长的旅游消费需求和相关机构满足旅游消费需求的各种行为，构成了旅游者、旅游机构和旅游目的地之间的互动，这种互动改变着社会结构。

1. 从国家与社会的宏观角度探讨，社会结构由社会的经济基础和上层建筑，即经济结构、政治结构、文化结构构成。以下数据充分说明旅游业的发展改变了社会经济结构

（1）经济结构

近年来旅游收入在国民经济中所占的比重越来越大。2008年在国际金融危机的不利影响下，国内旅游收入仍然达到了8 700亿元，增长12%，旅游外汇收入达到400亿美元。我国已经成为世界上继美国、西班牙和法国之后第四大入境旅游接待国、亚洲最大的出境旅游客源国，正在形成世界上最大的国内旅游市场。在当前金融危机直接影响外部需求、造成我国出口下降的情况下，加快发展旅游业具有特殊重要的意义：一是拉动经济增长，我国旅游业增加值已占到GDP的4%以上，与旅游相关的行业超过110个；二是促进居民消费，旅游消费对住宿业的贡献率超过90%，对民航和铁路客运业的贡献率超过

80%，对文化娱乐业的贡献率超过 50%，对餐饮业和商品零售业的贡献率超过 40%，随着收入水平的提高，旅游将成为居民消费的重要选择；三是扩大社会就业，我国旅游业从业人数超过 1 000 万人，与旅游相关的就业人数达到 6 000 多万人，每年新增就业人数 50 万人。可以预计，我国旅游产业的规模、层次、质量将不断提升①。

（2）政治和文化结构

旅游对我国政治结构和文化结构的改变也有许多表现。

旅游对政治结构的改变体现在社会政策、机构设置等方面的变化。近年来我国政府实行的双休日休假制度、黄金周休假制度、小长假制度、带薪休假制度等都与旅游业产生了相互促进的效应。

国家还专门成立全国假日旅游协调办公室。这个机构是国务院部级协调机构下设的办公室，由国家旅游局牵头，是中央层面上的协调机构，主要是组织、协调、引导全国假日旅游方面的工作。各地地方政府都设有假日协调机构，上下一致，全国联网。全国假日办是政府为了人民过好节、为假日旅游服务的机构。每天各地假日办在下午五点以前进行信息反馈，经过汇总将全国旅游的整体状况在晚七点通过中央媒体和网上进行发布，为准备出游的游客提供一个住宿、交通、景点等方面的参考依据。同时上报国家各部委，使中央领导及时掌握情况。假日办还专门设立了接受投诉、处理投诉的机构，受理黄金周期间重大的旅游投诉，24 小时有专人值班，及时协调解决各种投诉问题，以绝不能让老百姓为难、让群众满意为标准。全国假日办每次黄金周的统计资料

① 参见：旅发（2009）21 号：《国家旅游局关于印发〈温家宝总理在海南考察时的讲话〉的通知》，2009 年 5 月 12 日。

是制定我国旅游发展规划的重要依据。

旅游对文化结构的改变表现在多年来各地举办的各种民俗、美食等文化活动,最近已经上升到国家将开展“中国旅游日”活动。

据国家旅游局有关人士介绍，从2009年年底起至2010年一季度，国家旅游局将组织开展“中国旅游日”的日期征集、创意策划、发布和活动筹办等主要工作，在广泛征求社会各界意见后，报国务院批准设立“中国旅游日”。工作全程将采取公开论证、广泛宣传、部门协作等手段，实现社会、公众和媒体广泛参与，充分体现民意。据介绍，旅游日具体日期的选定将体现下列原则：与旅游有一定的纪念、宣传等关联意义；适于全民外出旅游休闲的时间；有利于启发国民的旅游意识，发挥旅游的教育功能；按照程序公开的原则，选择主流共识意见。在国务院确定“中国旅游日”具体日期后，国家旅游局将策划筹办首个“中国旅游日”活动，争取通过部门携手、上下合作、全社会参与，把首个旅游日办出影响、办出水平、办出意义。国家旅游局将成立“中国旅游日”工作领导小组,同时设立“旅游日征集策划专项工作委员会”，由旅游及相关业界专家、企业代表、优秀导游代表、知名旅游者、国家相关部委官员组成，负责旅游日标志和口号等征集、选择等工作。设立“中国旅游日”旨在强化旅游业宣传，培养国民旅游休闲意识，鼓励人们广泛参与旅游活动，提升国民生活质量，推动旅游业发展。

“中国旅游日”的设立是旅游改变社会文化结构的标志之一。

2. 从个人生活的微观角度探讨，个人在社会中的存在方式也是考察社会结构变化的主要内容

社会结构的内容实际上是社会的主体——人及其生存活动——社会活动和社会关系的存在方式，一般表现为：①人口结

构；②人群组合结构；③人的活动位置结构（在社会中所从属的集团阶层）；④人的生存地域空间结构；⑤生活方式结构；⑥社会经济、政治、法律、文化等各方面各领域的结构及相互关系。近年来，越来越多的人群将旅游作为个人生活方式的重要部分。我国实施黄金周休假制度期间人口的流动成为重要的社会现象，并引发了许多社会问题。以下数据说明旅游引起的人口组合结构、位置结构、生活方式结构、就业结构等方面的改变。

（1）黄金周期间的人口流动

2008年“十一”黄金周期间，全国共接待旅游者1.78亿人次，比2007年“十一”黄金周增长22.1%；实现旅游收入796亿元，比2007年同期增长24.2%；旅游者人均花费支出448元[①]。数据显示出黄金周期间，全国超过10%以上的人群改变了个人存在方式的位置、地域和空间结构。

（2）个人旅游方式的改变

表5 2002—2006年私人汽车数量增长情况

年 份	2002	2003	2004	2005	2006
私人汽车（万辆）	968.98	1 219.23	1 481.66	1 848.07	2 333.32

（资料来源：《中国统计年鉴2007》，交通与运输16-2，年度数据，统计数据，中华人民共和国国家统计局网站，http://www.stats.gov.cn/tjsj/ndsj/2007/indexch.htm）

21世纪以来，私家车数量的增多，促使更多旅行者选择自驾游。我国的私家车数量从2002年的968.98万辆增加到2006

① 2008年“十一”黄金周旅游统计报告．国家旅游局网站“旅游统计栏目”http://www.cnta.gov.cn/html/rjy/index.html.

年的 2 333.32 万辆，4 年间增加了 1 364.34 万辆，增加了 140%，平均年增长率约为 34%，平均每年增长 300 万～400 万辆。私家车的增加使越来越多的旅游者选择自己驾车出游。例如：2005 年 5 月 18 日青岛旅游网披露了从市旅游局方面获悉的数据，即当年“五一”黄金周自驾车旅游的人数占了全国旅游人数的一半。这个数字超过了人们的预计。2007 年“十一”黄金周，南岳衡山各主要景区自驾车川流不息，每天由京珠高速和 107 国道进入南岳的自驾车超过千辆。整个黄金周外地来南岳的旅游自驾车上万辆，其中进山外地自驾车 5 200 余辆①。2008 年春节黄金周期间，厦门市共接待自驾车旅游团 417 个、3 639 人次。此外，约有 2 万辆私家车的自驾车游客来厦门旅游或探亲访友②。

（3）旅游需求改变就业结构

表 6 的数据展示了我国旅游机构、从业人员和旅游接待设施逐年增长的情况。21 世纪前 6 年，我国的旅行社从 2001 年的 10 532 个增加到 2006 年的 18 475 个，增加了 7 943 个，增长率约为 75%，平均年增长率约为 15%；其中国际旅行社增加了 378 个，增长率约为 29%，平均年增长率约为 6%；国内旅行社增加了 7565 个，增长率约为 82%，平均年增长率约为 16%。旅行社从业人员从 2001 年的 192 408 人增加到 2006 年的 293 318 人，增加了 100 910 人，增长率约为 52%，平均年增长率约为 11%；国际旅行社增加了 16 449 人，增长率约为 24%，平均年增长率约为 7%；国内旅行社增加了 40 062 人，增长率约为 33%，平均年增长率约为 10%。星级饭店从 2001 年的

① 国家旅游局信息中心 . 南岳衡山：团队旅游明显上升　自驾车游持续走俏 .（2007−10−07）. www.anshan-tour.cn/hh_sql_news/article_Sh.

② 春节黄金周厦门自驾车旅游持续火爆 [EB/OL]. 中华人民共和国旅游局网站 www.cts.com.cn/web/news/cn/200802/11456.html.

7 358 个增加到 2005 年的 11 828 个，增加了 4 470 个，增长率约为 61%，平均年增长率约为 17%[①]。

表 6 的数据显示 21 世纪以来，我国国内旅行社及其从业人员增长速度高于国际旅行社及其从业人员，表明我国国民的旅游消费需求导致国家旅游设施和从业人员在结构及数量上的改变。2001 年国际旅行社占旅行社总数的 12%，从业人员占总人数的 38%；2005 年占旅行社总数的 9.6%，从业人员占总人数的 36%。2001 年国内旅行社占旅行社总数的 88%，从业人员占总人数的 62%；2005 年占旅行社总数的 90.4%，从业人员占总人数的 64%。国民的旅游消费需求促使国内旅行社的数量及从业人员在旅游产业中占的比例越来越大，这就是说，全国约有几十万人口靠为旅游业提供服务为生。

表 6 2001—2006 年旅行社和从业人员发展情况

指标	2001	2002	2003	2004	2005	2006
旅行社数 (个)	10 532	11 552	13 361	14 927	16 245	18 475
国际旅行社	1 310	1 349	1 364	1460	1 556	1 688
国内旅行社	9 222	10 203	11 997	13 467	14 689	1 6787
旅行社从业人员(人)	192 408	229 147	249 802	24 6219	248 919	293 318
国际旅行社	72 801	89 128	100 742	89 342	89 250	
国内旅行社	11 9607	140 019	149 060	156 877	159 669	
星级饭店数(个)	7 358	8 880	9 751	10 888	11 828	

（资料来源：《中国统计年鉴 2007》，旅游，年度数据，统计数据，中华人民共和国国家统计局网站，http://www.stats.gov.cn/tjsj/ndsj/2007indexch.htm）

① 中华人民共和国国家统计局 .《中国统计年鉴 2007》，十九、旅游，19-1 旅游业发展情况 [EB/OL]. 中华人民共和国国家统计局网站 http://www.stats.gov.cn/tjsj/ndsj/2007/indexch.htm.

综上所述，旅游现象是社会文化现象。产生旅游现象的原因是旅游者的消费需求，该需求的本质属于文化娱乐性需求。这种需求引起社会成员的旅游消费行为，刺激旅游机构开发旅游产品满足社会成员的旅游消费需求。旅游者的消费需求和旅游机构提供满足消费需求的产品的行为，以及整个消费过程中发生在旅游者、旅游目的地和旅游机构之间的各种关系构成了现代社会的旅游活动。旅游活动过程中形成的各种关系构成了当代社会成员生活方式的一部分。随着经济的发展、闲暇时间的增加，旅游在国民经济和日常生活中所占的比重日益加大。旅游不仅是现代社会成员日常生活中的一部分，同时也是受到整个社会关注的社会化消费行为。当代社会的旅游活动是影响社会生活、社会政策，产生社会问题、引起社会结构改变的重要因素。

第一章
旅游与文化的关系

提及旅游，人们首先想到的，或者是人的旅游活动，或者是旅游产业现象。事实上，人类旅游活动的出现远远早于旅游业的产生。无论是旅游活动自身所代表的精神文化需求，还是旅游活动指向的对象物的文化属性，旅游活动及其因此而产生的旅游业都无可非议地属于人类精神文化范畴。尽管由于近代以来旅游活动大规模的出现导致了旅游供给的产业化，但是旅游活动的内在文化属性还是非常鲜明的。20 世纪 80 年代，我国著名经济学家于光远先生曾经有一个知名论断，即“旅游是经济性很强的文化事业，也是文化性很强的经济事业”。这一看似循环论证的判断，其实表明了当代旅游业同时具有鲜明的文化和经济属性。

第一节 文化视野中的旅游

一、现代社会的旅游活动

近年来，生活在城市中的千百万中国人，一年之中，总会与家人或朋友外出旅游一次，无论是进行跨省市的长途旅游还是近距离的郊区旅游；辛苦一辈子的老人，如果靠自己的积蓄或者子女的资助，有机会选择一条自己向往的旅游线路游玩数天，回来之后，一年的心情都很愉悦……旅游，已经日渐成为中国人日常生活中的重要内容。这不但是改革开放带来的新现象，更是双休日制度实施以后的中国才广泛出现的新现象，同时也是中国几千年的历史中首次出现的新现象。旅游成为当代中国人精神文化生活的重要组成部分。

统计数据显示，2000 年以后，我国城镇居民的出游率首次超过 100%，也就是说，自从 1999 年实行三大假日连休制度后，城镇居民在一年当中总会有至少 1 次的外出旅游行为。2006 年，我国国内旅游总人数为 13.94 亿人次，其中，城镇居民的出游人次率为 156.7%，每年人均出游花费 766.4 元；农村居民出游人次率 86.4%，出游人均花费 221.9 元[①]。每逢长假来临，人们经常会询问、探讨哪些地方好玩，谁最近又到什么地方去旅游了，

① 中国国内旅游抽样调查资料·2007. 北京：中国旅游出版社，2007.

亲朋好友相约下次去什么地方玩玩去，陌生的网友会因为对某个旅游目的地或者旅游方式的共同兴趣走到一起，共同开始一段旅程……从郊区旅游到国内各省市旅游，从港澳台出境游到出国旅游，人们的旅游次数、目的地类型以及旅游方式，已经逐渐成为都市人生活时尚的组成部分。各种旅游指南类的书籍和报刊在书店和报摊上开始占据显眼的位置，并引导着时尚的旅游观念和旅游方式。电视、电台、网络中的旅游专题层出不穷……长假过后，城市中的人相互打招呼时，总是问："过节出去旅游了吗？"而不再是以往的"吃了吗？"充分显示出旅游在人们生活中地位的迅速上升，并进而影响到人们的生活习俗。

对于西方经济发达国家，旅游是其国民生活中必不可少的组成部分，它已经成为生活质量的重要标志，是体现自身"生活方式（lifestyle）"的内容之一。如果一个人一年没有外出度假一次，不但意味着生活拮据，也意味着没有面子，意味着身份和地位的下降。因此，欧洲许多国家都实行了"社会旅游"制度，由政府向那些无钱支付旅游费用的穷人，每年提供一次基本的外出度假旅游的费用。旅游对于中国人的重要性虽然还没有达到西方国家民众的程度，但也明显具有朝这个方向演进的趋势。旅游，无疑是人们在基本的物质生活需求得到满足之后的一种精神文化需求。尽管以愉悦为目的的旅游活动自古有之，但大众旅游的出现，则是第二次世界大战以后的事情。大众旅游的出现，意味着旅游已经成为一种现代的生活方式。

在社会学看来，大众旅游的兴起首先是现代社会的现代性使然。现代性自身所含有的矛盾性决定了现代旅游也是一种内含矛盾的社会现象。从现代性的矛盾来看现代旅游，就不难理解人们为什么把旅游当作一种逃离和暂时解脱现实生活压力的一种方式[①]。中山大学社会学教授王宁认为，旅游是在人们对现代性爱恨交织的心理下发生的。因为人们既惊喜于现代性所带来的交通的发达、休闲时间的增多、旅游环境的改善等（此为拉力），又痛恨于自己所处环境的种种不尽如人意，比如环境污染、生活压力等（此为推力）。在这里，现代性施加给人们的双重效应既"推"又"拉"，由此促成了大规模的旅游现象[②]。

二、旅游研究

众所周知，文化是一个复杂的概念系统，从各种不同角度的理解，使人们对它有100多种定义描述。广义的文化概念一般是指人类在社会发展过程中所创造的物质财富和精神财富的总和，具体地说，它是指某个社会或国家在一定的物质基础上以一种特定的哲学、宗教或处世方式为中心形成的综合体，生活在其中的人们所具有的共同价值观、信仰、态度、道德和习俗构成文化的主要方面。狭义概念的文化就是指文学艺术、伦理道德、宗教。文化学大师陈序经在梳理了各种有关文化的观点和文化与相关学科的脉络关系后认为，文化的重心内容，是伦理、宗教、政治和经济四方面；而从文化学研究来看，人类学研究贡献最大，其次是社会学[③]。分析旅游与文化的关系，人们常常从旅游活动的主体——旅游者的目的和旅游活动的客体——旅游对象的属性以及旅游媒介这几个角度着手[④]。事实

---

① 王宁.旅游、现代性与"好恶交织"——旅游社会学的理论探索.社会学研究，1999（6）.

② 何兰萍.大众旅游的社会学批判.社会，2002（3）.

③ 陈序经.文化学概观.北京：中国人民大学出版社，2005：14，52.

④ 郑迎红.论旅游的文化性.河北学刊，2007（5）.

上，从学科研究的范畴和理论基础来看，来自于文化学研究——人类学和社会学视角的研究，更能触及旅游现象的本质。迄今为止国际旅游研究界被公认的旅游学科基础观点，大多数来自于旅游社会学和旅游人类学的研究，这从另一个层面揭示了旅游研究在学科归属上的文化属性。

从旅游研究的历史来看，当旅游作为一种群体性行为和大规模消费现象出现时，最容易引起研究者关注的，是它的经济影响。因此，在国际旅游研究界，最早出现的（“二战”以前）是对旅游客流的统计研究和旅游所带来的经济影响的研究，随后，人们注意到大众旅游所带来的不仅是经济影响，更重要的还有社会文化影响。因此，许多研究者从社会学和人类学角度介入对旅游活动和旅游现象的研究。根据以色列国际知名旅游社会学家科恩（Cohen，1984）的考证，对旅游的社会学研究始于20世纪30年代的德国（L.Von Wiese，1930）。但第一部旅游社会学著作则出现于60年代，由德国学者凯乃拜尔（H.J.Knebel，1960）所著。也就是说，在第二次世界大战以前，社会学家并不重视对旅游的研究①。随着“二战”后大众旅游热的兴起，社会学家们才开始对旅游以及旅游所造成的经济、社会和文化问题作出了积极的学术反应。

从20世纪60年代开始，社会学对旅游的研究在新兴的旅游学研究领域中呈现出了前所未有的活跃和繁荣，出现过许多有影响的思想流派、理论观点、学术著作和代表人物②。Boorstin（1964）从旅游者群体行为和全球旅游系统的关系出发，

① 王宁.旅游、现代性与“好恶交织”——旅游社会学的理论探索.社会学研究，1999（6）.

② 肖洪根.对旅游社会学理论体系研究的认识——兼评国外旅游社会学研究动态.旅游学刊，2001（6）（上），2002（1）（下）.

把“旅游者”这一特殊的社会群体描述成“易哄易骗的傻瓜”。1976 年，Dean MacCannell 出版了他那本被广为引用同时也被广为批评的旅游社会学力作——《旅游者：休闲阶层的新理论》（*The Tourist：A New Theory of the Leisure Class*）。MacCannell 从全新的角度，深入探讨了旅游吸引物的社会学特质及其社会表现形态，系统地提出了旅游吸引物的结构差异、社会功能、旅游空间、舞台真实（staged authenticity）、文化标记，以及实现能指（signifier）和所指（signified）功能的符号象征等观点。在该书的思想内容和理论框架中，MacCannell 把“旅游者”描述成附属于无处不在、无时不有的旅游吸引系统之下，对旅游吸引系统的符号象征意义进行“解码”，并追求早已失去的生活真实意义的现代圣徒（modern pilgrims seeking authenticity）。

20 世纪 70 年代活跃于西方旅游社会学研究论坛的另外两个代表人物是 Victor Turner 和 Louis Turner。1973 年，Victor Turner 发表了题为《远处的中心：圣徒的目标》（*The Center Out There：The Pilgrim' s Goal*）一文，详细地提出了“中心（Center）”、“旅途历程（Pilgrimage）”、“远处的中心（Center-out-there）”、“边缘和其他（Periphery and Other）”等一系列旅游社会学概念，深入描述了它们之间的本质关联性，认为旅游社会的人口流变（和传统社会的人口流动相比）遵循着一种反结构的阈限流向规律（anti-structural rule of liminal flow），即旅游者离开日常生活的“价值中心”，到“远处的中心”去无拘无束地体验生活的价值和存在的意义。1975 年，Louis Turner 和 John Ash 在《金色部落：国际旅游与休闲边缘》（*The Golden Hordes：International Tourism and the Leisure Periphery*）一书中，发展了对这类观点的论述。

在西方的旅游社会学研究中，对“观光现象的起源及其演变”的认识也值得在此特别一提。Judith Adler（1989）在《观光的起源》一文中系统地考察了旅游者认识世界的经验过程，认为游客的旅游认识经历了从前期以听说为主的阶段（audio stage），向后期以视觉为主的阶段（visual stage，即观光阶段），再向后现代旅游认识经历的通感阶段（post-modern tourism of all senses）的过渡。1990 年，Urry 的一本重要著作《游客的眼睛：当代社会的休闲与旅行》（*The Tourist Gaze：Leisure and Travel in Contemporary Societies*）问世[①]，从社会学和认识论的角度，详细分析了游客“视觉器官”的使用以及旅游景观视觉效果的设计、塑造和呈现。Cohen（1999：10）更是具体地把现代旅游的通感认识细化为“视、听、嗅、味、声、触”等多个方面。在求真求乐等旅游动机驱使下的后现代旅游中，由于旅游经历的虚假和异化，“通感器官”的使用以及全方位地感受旅游经历和旅游环境，成为现代旅游经历研究的重点。

因此，从社会文化角度，旅游社会学家发展了一系列特定的社会学概念来解释旅游者的动机、旅游体验、主人和客人的互动关系、旅游发生的社会和经济及文化条件、旅游的社会性和社会功能及社会、文化后果等[②]。例如，就旅游的社会性质来说，可以把旅游看作“解脱”、“游戏”、寻找“本真”、寻求“变化”和“新奇”、寻求“意义”、寻求“自我攀升”、体验“异乎寻常”、“准朝圣”、“神圣历程”、充当“异乡客”和“休闲迁移”等；就旅游的社会、文化性功能来说，可以把旅游看作“社会治疗”、

---

① 国内也有许多文献将这里的“tourist gaze”翻译成“游客的注视”。

② 王宁.旅游、现代性与“好恶交织”——旅游社会学的理论探索.社会学研究，1999（6）.

“角色转换”、“社会补偿”、“象征性消费”、“社会交流”和“文化保存”等；就旅游的经济、社会和文化后果来说，有人把发达工业强国周边的不发达的旅游目的地国家看做是充当了前者的“快乐边缘”，依附和受制于前者；发达国家的出游者则是新“游牧部落”，他们对不发达目的地国家的文化“入侵”导致了后者社会和文化认同的丧失。来自富国的旅游者的消费示范效应，导致穷目的地居民在生活方式上对前者的不切实际的认同和模仿；伴随旅游业的发展而来的文化商品化则造成传统文化功能和意义的丧失。也有人把“后殖民主义”时代的国际旅游称作“南北对话”的新形式之一，还有人把旅游需求看做是资本主义“消费者文化”和旅游生产系统操纵的结果。因此旅游是“伪事件”，旅游者不过是沉迷于由旅游工业所炮制出来的伪造景象中。但近来更多的学者则强调，不能把旅游的社会文化后果只看成是负面的，也不能把目的地居民看成是这种后果的单纯被动的接受者；旅游的社会文化后果是双重的，利弊并存，因此要从政策上去引导兴利除弊。

从学科归类上，西方社会学者对旅游的学科归类划分通常用三种方式。第一种是把旅游归并到休闲社会学中，作为休闲的一个特殊种类，这种划分抓住了旅游的闲暇和享乐特征，却忽略了旅游的流动性和异地性。第二种是把旅游合并到迁移（migration）社会学中，把旅游看做是季节性的休闲迁移，这种划分强调了旅游的流动性和空间上的位移，却不利于凸显旅游的非功利性、寻乐性和享受性。第三种是把旅游社会学当作一门单独的学科，既强调旅游的旅行和流动性质，又突出旅游的闲暇性、享乐性和游戏性，从而把旅游中的“游乐”和“旅行”双重属性统一起来了。如今，旅游社会学已逐渐从休闲和迁移社会学中分离出来，成为一门独立的社会学分支。但在我国，社会学界几乎还没有介入对旅游问题的研究，正处于增加认知阶段。

三、“旅游文化”概念内涵的多重解析

从我国旅游研究的情况看，20 世纪 80 年代初兴之时，对旅游经济和旅游文化的关注同时兴起，但随着时间的推移，对旅游经济和开发的关注远远大于对其文化属性的关注。从文化角度对旅游的研究，总体上呈现出高质量研究少、论析浅、视野窄的缺陷。大部分研究集中在对文化资源的旅游介绍和应用开发上，而对于“旅游文化”概念尚存在多种差异性极大的解读，这与旅游研究自身的偏颇有关，也与我国社会学和人类学研究对旅游领域涉足不够有关。

笔者曾比较并分析了“旅游文化”与“文化旅游”这两个容易混淆的概念及研究状况在国内外的不同情况[①]。总体上看，由于语言结构和学术发展程度的不同，国内外对于这两个概念的内涵与外延的认识既有共同点，也有差异点。具体分析，有关“旅游文化”的概念，存在这样三层含义的理解：第一种，将该词组理解为“名词＋名词”的联合词组结构，也就是“旅游＋文化”，这是最广义的理解；第二种，将该词理解为“限定词＋主词”的偏正结构，即“旅游的文化”，解读为“旅游这种文化现象”，是将旅游作为一种文化现象看待，类似于“建筑文化”、“酒文化”

① 徐菊凤．旅游文化与文化旅游：理论与实践的若干问题．旅游学刊，2005（4）．

这种表述；第三种，仍然是偏正结构，但含义转变为“旅游这种特殊现象所体现出的文化”，或者“因为旅游而产生出的文化”。总体来看，前二者普遍在国内使用，第三种概念普遍在国外使用；但第二种概念不直接以词语形式出现在国外研究界（国外没有“tourism culture”一词，但有“tourist culture”，指因旅游者的旅游活动而引发的文化现象，属于上述第三种含义），但广泛存在，主要是从社会学、文化人类学角度对旅游的研究。具体来说，国内对旅游文化的研究集中于旅游文化概念与学科地位的争论、旅游活动与旅游产业中包含的文化元素的分析（亦即将“旅游文化”类同于“旅游资源文化”），而且普遍使用“旅游文化”这一专用词语；西方学术界普遍将旅游作为一种文化现象看待，一般并不笼统地对“旅游文化”进行研究，而是从社会学、人类学、伦理学的角度进行研究，但不在这个意义上使用某一类似于“旅游文化”这样的专用词语，仅仅在研究因旅游而产生的现象时，才使用“旅游的文化（tourist culture）”一词（即上述旅游文化概念的第三种内涵）。

对于易被混淆的“旅游文化”和“文化旅游”这两个概念，我们认为，“旅游文化”研究，广义层面上关注的重心是旅游活动的基础理论，诸如旅游者和旅游活动的属性、特征、影响等问题；狭义层面上关注服务与接待中的文化。而“文化旅游”研究的重心，则是旅游活动的对象物——旅游产品的开发和经营管理问题，以及文化旅游活动的特点和管理体制，还有文化旅游市场的需求特征问题等。按照我国目前的学科划分体系，“旅游文化”主体属于旅游社会学、心理学、伦理学的研究范畴（我国并没有一个笼统的“文化学”学科），部分属于管理学范畴；而“文化旅游”主体属于旅游管理学和旅游开发规划学共同的研究范畴。从西方学术界对于学科的划分体系看，“旅游文化”主要属于基础学科，而“文化旅游”属于应用学科。二者关联点在于：“旅游文化”和“文化旅游”都是对旅游和文化的结合点的研究；二者的交集，一是文化旅游资源，二是趋向于文化景观的旅游活动。

从本研究来看，所使用的概念是旅游文化的广义概念，所关注的问题也是将旅游总体上作为一种社会文化现象来考察。

第二节 文化产业范畴中的旅游业

一、旅游产业规模与旅游、旅游者的定义

旅游产业是当今世界上发展最快的产业之一。这一包含了住宿业、航空交通业、旅行社业等在内的大产业群，从第二次世界大战以后进入快速发展轨道，成为全球令人瞩目的朝阳产业。我国旅游业从 1978 年起步，进入一条超速发展轨道，目前，全国有 27 个省市将旅游列为支柱产业发展。国家旅游局在“十一五”规划中预测，到 2010 年，旅游业将成为我国国民经济的重要产业。届时，全国旅游业增加值预计占国内生产总值的 4.5% 左右，占全国服务业增加值的 10% 以上；旅游外汇收入占服务贸易出口额的 40% 以上；旅游就业数占全社会就业总量的 5% 以上。到 2020 年，全国旅游业增加值预计占国内生产总值的 6% 左右，占服务业增加值的 12% 以上，中国将成为世

界上最大的旅游目的地[①]。2007 年，我国旅游市场继续保持较快增长，全年入境旅游人数达 1.32 亿人次，增长 5.5%，其中入境过夜旅游人数达 5 472 万人次，增长 9.6%；旅游外汇收入达 419 亿美元，增长 23.5%；国内旅游人数达 16.1 亿人次，增长 15.5%；国内旅游收入达 7 771 亿元，增长 24.7%。旅游业总收入首次突破 1 万亿元，达 1.09 万亿元，增长 22.6%；出境旅游人数达 4 095 万人次，增长 18.6%。中国继续保持全球第四大入境旅游接待国、亚洲最大出境旅游客源国的地位。

与旅游相关的概念与范畴包括：旅游定义、旅游产业、旅游者、旅游目的地等。美国著名学者丹尼尔·贝尔在他 1973 年出版的《后工业社会的来临》一书中把旅游产业说成是世界上最大的混合产业，其所包含或涉及的内容是其他任何产业都无法相比的。他指出，旅游业的关联行业不仅相互影响，而且相互制约。[②]旅游产业，是凭借旅游资源和设施，专门或者主要从事招徕、接待游客业务、为其提供交通、游览、住宿、餐饮、购物、文娱六个环节服务的综合性行业。

目前普遍被接受的有关旅游、旅游者的定义，是世界旅游组织 1991 年在加拿大举行的有 90 个国家和地区代表参加的大会经过讨论的定义：旅游是“一个到惯常环境之外的地方旅行、停留期在一个特定时间之内，且旅行的主要目的不是通过从事某项活动从被访问地获取报酬的人的活动”[③]。这可以被认为是广义的旅游定义，在这种定义视角下，“旅游”和“旅行”两个词几乎可以互相代替。世界旅游组织按照广义旅游范畴，结

① http：//finance.sina.com.cn/chanjing/b/20070918/19503990731.shtml.

② 旅游业是世界上最大的混合产业．海南日报，2010-03-07.（摘自伍飞．旅游整合世界．北京：北京大学出版社，2008.）

③ ［美］威廉·瑟厄波德．全球旅游新论．北京：中国旅游出版社，2001：13.

合旅游目的类型，对旅游者进行了如下划分："休闲 / 娱憩 / 度假（leisure/recreation/vacation）"、"商务 / 公务（business）"、"探亲访友 / 宗教 / 保健疗养（VSF/religion/healthy，简称个人事务旅游）"，以及"其他（others）"四大类。这也是目前国际通用的旅游者统计划分标准。

从学术研究角度看，有一些学者提出要更严格地按照旅游目的的角度对旅游活动和旅游者进行定义。伯卡特与梅特利克（Burkart & Medlik, 1981, p.41, 转引自：佩吉等, 2004：8）认为，多数旅游是一种休闲活动，人们参与旅游活动的主要目的之一通常是休闲娱乐①。我国学者谢彦君也持类似的小口径观点。他认为，世界旅游组织的定义只是为了国家旅游业统计需要而作出的技术性定义，从旅游本质的角度，应该严格按照旅游目的来区分是否属于旅游者。他认为，"旅游是个人以前往异地寻求愉悦为主要目的而度过的一种具有社会、休闲和消费属性的短暂经历"，"旅游 = 愉悦 + 异地 + 暂时"；而旅游者的概念性定义是"出自寻求愉悦的目的而前往异地并在该地做短暂停留的人"。对于那种纯粹的商务、会议、探亲访友人员，因为出行目的缺乏愉悦性，所以不应算成旅游者（tourist），而是旅行者（traveller），他们是出于迁徙以外的任何目的而前往异地并在该地做短暂停留的人②。值得注意的是，目前，在广义统计领域，以及大口径的经济和市场研究领域，人们往往采取世界旅游组织认可的大口径"旅游"概念；而在旅游研究领域（尤其是国外），在涉及消费者行为和比较精确的旅游市场研究方面，一般

① [英]佩吉·斯蒂芬，布伦特·保罗，等. 现代旅游管理学. 北京：电子工业出版社，2004：8—9.

② 谢彦君. 基础旅游学. 北京：中国旅游出版社，2004：73，90.

采用小口径的旅游概念。

二、旅游产业与文化产业的关系

在我国经济序列中，旅游产业一直没有明确统一的归属，一度作为单独的“旅游”类别单列，所指却为单一的旅行社业务；在2002年度新调整的《国民经济行业分类》（GB/T 4754—2002）之后，旅游不再单独作为一种产业类型出现于国民经济统计序列中，但却“改头换面”出现于国家统计局与文化部2004年联合制定的《文化及相关产业分类》的补充性规定中。统计分类的这种调整，表面上看旅游业的地位似乎削弱了，但实际上却是增强了，不但涵盖的范畴更大，而且归类上更符合实际情况。在该分类中，旅游业的主体产业类型（酒店住宿和旅游餐饮业务除外），被统一放置在“文化休闲娱乐服务”大类中，部分内容包含在“文化艺术服务”类中。主要范畴包括：①旅游文化服务、旅行社、风景名胜区管理、公园管理、动植物观赏服务、其他游览景区管理；②娱乐文化服务、室内娱乐活动、游乐园、休闲健身娱乐活动。因此，目前旅游产业在总体上被视为文化类产业。这符合旅游活动的本质属性，也拉近了旅游与休闲产业的距离。

三、旅游与休闲的关系

在2004年国家统计局制订的《文化及相关产业分类》中，

休闲业首度出现在国民经济序列中，并作为涵盖了旅游和娱乐两大范畴的综合文化产业类型。那么，旅游与休闲之间到底是什么关系？国内学术界对此问题的讨论在2006年曾达到高峰。

休闲——从无休止的劳作中摆脱出来，舒缓身心，“以欣然之态做心爱之事”，是人类自古以来就存在的现象[①]。但是，我们所熟悉和理解的这一“休闲”概念，则出现于20世纪80年代中期[②],晚于“旅游”概念在中国出现的时间；提倡休闲活动、休闲产业，更是最近两三年才出现的事情。从近几年关于休闲问题的学术引进和学术讨论中，我们了解到，休闲从范畴上看是一种包含了时间、活动、存在方式和心态等多重内涵的大概念[③]；从活动角度看，它包含了运动、旅游、文化、娱乐、游戏等多种类型，我们所熟悉的“消遣”概念也属于休闲活动范畴，而“闲暇”则是指休闲概念中所蕴涵的“时间”含义。由于休闲研究在我国刚刚起步，因此，人们对于这些概念之间的关系不容易辨析。笔者在参阅大量文献的基础上,根据自身理解,将休闲与旅游、娱乐等诸多相近概念的关系，用示意图表示如下。

① 杰佛瑞·戈比．你生命中的休闲．昆明：云南人民出版社，2000：1.

② 检索资料发现,现代意义上的“休闲”概念,是随着香港的服装品牌真维斯、佐丹奴等在20世纪80年代中期进入内地的。从学术角度看，查中国期刊网数据,“休闲”一词在80年代基本上只在农业范畴被研究,1994年以后,才陆续有文献从娱乐、旅游、体育、服饰角度加以关注。——笔者。

③ 杰佛瑞·戈比．你生命中的休闲．昆明：云南人民出版社，2000：3—6.

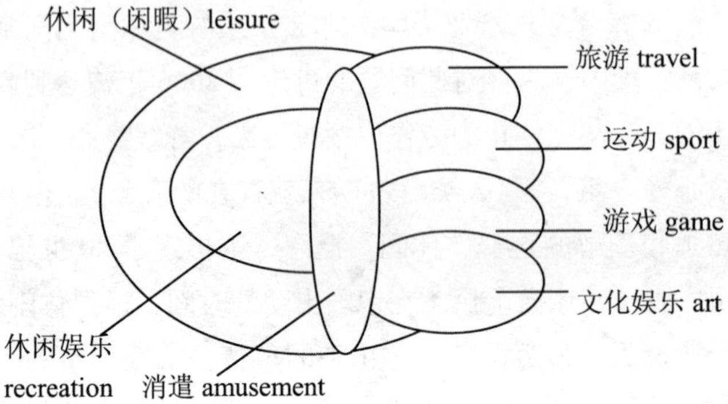

图　休闲与旅游等相关概念关系

休闲的本质在于解脱性、自由性、趣味性、建设性①，作为一种休息、娱乐、放松的活动，或者人们在劳作之余无事可做的闲暇时间，休闲是人类自古即有。西方从古希腊时期，即形成了相当系统的休闲理念和休闲活动谱系。亚里士多德认为，欣赏音乐和冥想是最具休闲资格的活动，休闲的人是沉思者、思想家，休闲是科学和哲学产生的基本条件之一。古希腊时期，人们把休闲看成是高于劳作的高尚行为，人们只有在休闲状态下，才可以欣赏音乐、艺术，钻研天文、宗教、哲学。荷马说："酒宴、竖琴、舞蹈、服装的更换、温水沐浴、爱情和睡眠休息，这一切永远都是我们的爱好。"②从古希腊和古罗马时期开始，西方即形成了喜爱体育竞技、音乐艺术、温泉洗浴、社交娱乐、酒宴文化等休闲活动的传统习惯。进入工业革命时期之后，随着带薪休假制度的确立和科学技术的发达，人们的休闲活动

① [美]威廉•瑟厄波德．全球旅游新论．北京：中国旅游出版社，2001.
② 章海荣，方起东．休闲学概论．昆明：云南大学出版社，2005：5—6.

范畴更加广泛，包括摄影、骑自行车、海滨旅游、看电影电视、球类运动、水上运动、登山、滑雪，各种户外和室内运动休闲项目异彩纷呈，大众休闲度假旅游开始获得极大发展，享受度假已经成为西方人生活中不可或缺的组成部分，是提高生活质量的标志之一。与西方相比，由于受传统儒家礼教思想和道家清静无为思想的影响，以及农耕文明的制约，中国人自古以来提倡辛勤的劳作和内心的静思内省，遵从“父母在，不远游”的教诲，信奉“在家千日好，出门一时难”的训示，很少有户外群体性休闲运动项目，也较少有以休闲为主要目的的旅行活动。人们从事的休闲活动，主要是琴、棋、书、画、养鱼、赏花、欣赏戏曲、打麻将等，具有室内化、静态性、个体性特点。但是，当前中国处于传统与现代交叠、东方与西方文化大碰撞的新时期，人们的价值观、生活方式、生活内容都发生了翻天覆地的变化，休闲活动异彩纷呈，闲暇时间和用于休闲消费的可支配收入都获得了大幅度提高，因此，国人的休闲活动也进入了空前大发展阶段。

休闲活动从地域范畴划分，有本地性和异地性两类。本地休闲活动，是指人们在生活所在地即可开展的各种休闲活动，例如看电影和电视、听音乐会、散步、打球、游泳、近郊区登山、逛公园、美容美体、保健按摩、逛街购物、外出就餐等。但是，有些休闲活动是要异地完成的，例如旅游观光、海滨度假、温泉疗养、雪地滑雪、在环境优美的地方远足、登山、划船等。这当中，最典型、份额也最重的，就是旅游活动。因此，可以说，旅游是最重要的异地休闲活动。

以休闲为主要动机的人，他们参加旅游活动的主要目的，就是从中获得休闲愉悦的体验和享受。异地独特的旅游资源所产生的巨大吸引力，以及人们在离开日常居住地，摆脱了日常生活规律约束后的独特、自由、新鲜感，使得以公务和个人事务为目的而外出旅行的人，比如出差者、开会者、商务考察者、探亲者，都有可能在从事公务和个人事务的同时，在异地进行适当的旅游活动，这些人就属于广义的旅游者。因此，广义的旅游不仅包含了以休闲为主要目的的旅行活动，还包括以商务、会议、探亲访友、宗教等为目的的超出休闲范畴的旅行活动。

第三节　流行语折射的旅游现象

随着国民经济的快速发展，民众可自由支配收入也在迅速增长，在衣食住行等基本的物质生活得到满足之后，人们对于精神文化和时尚方面的需求开始增长。尤其是1995年实行双休日和1999年实行“黄金周”长假制度后，人们的闲暇时间大量增加，极大地激发了城市居民的旅游热情，郊区短程旅游获得了迅速发展；连休7天的长假制度，为民众的远程旅游提供了便利。因此，“假日经济”在经过若干年后，几乎完全演变成“旅游经济”的代名词，旅游逐渐成为中国城镇居民生活的重要组成部分。如前所述，每逢黄金周过后，人们相互之间的问候语，已经不再是传统的“吃了吗？”而是“假期出去玩了吗？”以往不被国家重视的国内旅游业，迅速成为各地政府最感兴趣的发展热点，迄今为止有27个省、直辖市将旅游业列为支柱产业。

一、当代旅游类流行语

语言的变化折射出社会的变化，流行语的变迁反映着时代的变迁。从流行词语的变迁可以看到社会物质和精神上的进步。20多年来，大量诞生的流行词语反映了我们这个时代社会的飞速发展和变化。在十大主流媒体流行语评选刚刚推出之际，某些媒体就开始评选旅游类流行语。例如，金羊网刊登了2001年度旅游类5大流行语①，反映了这一年度旅游领域出现的重要事件和焦点问题，至今仍然具有重要的里程碑式意义。这些流行语分别是："假日经济"、"黄金周"、"西部旅游"、"特种线路"、"带薪休假制"。其中，"假日经济"、"黄金周"、"带薪休假制"均属于宏观领域的大趋势，它们如此集中地反映在旅游领域中，说明了旅游在该年度主流事件与焦点问题中的重要性。与此相类似，上海文新报业集团新闻信息中心连续几年公布了各类流行语。为了发现和捕捉现实生活中丰富的流行信息，文汇新民联合报业集团新闻信息中心从2004年开始，依托拥有我国最长历史报纸数据库的优势，引进TRS词频统计分析软件，比照新中国成立以来流行语逐年发展的态势，依据北京、上海、广东、重庆等地我国最具代表性的报纸作为语料样本，筛选出中国年度流行语，其范围涵盖时政、国际、财经、交通、职场、房产、汽车、健康、出版、教育、旅游、体育、科技、网络通信、演艺、时尚、社会17个领域，其结果由文汇出版社汇编出版。《2004—2005年流行语报告》是我国第一次以宏大的规模全面、客观、

① http://www.ycwb.com/gb/content/2001-12/10/content_286639.htm.

细致地推出单一年度的流行语，此后，该集团每年度推出一本流行语发布榜，公布上一年度中国流行语情况。中心还将依据其数据库资料，推出 1949—2004 年流行语报告，这将是我国流行语研究史上空前宏大的工程。该报告各年度推出的“旅游类流行语”分别为①：

2004 年度旅游类流行语：欧洲游、农家乐、自驾游、自助游、红色旅游、自由行、驴友、零团费、太空游、背包族；

2005 年度旅游类流行语：赴台旅游、香港迪斯尼、廉价航空、长城保护、神州文化之旅、深度游、景点涨价、电子导游、长今村、休游；

2006 年度旅游类流行语：乡村游、太空游、零负团费、进藏游、会奖旅游、探险游、女太空游客、“罢导”、太空旅馆、文明出游；

2007 年度旅游类流行语：带薪休假、新七大奇迹、在线旅游、亲子游、美国游、小长假、奥运旅游、换房旅游、5A 级景区、新休假制度。

由国家语言资源监测与研究中心、北京语言大学、中国新闻技术工作者联合会、中国中文信息学会联合发布的中国主流媒体流行语，则是被社会各界最广泛关注、传播面也最广的流行语。在该流行语榜单上，每年都有与旅游相关的流行语出现，分别为：

2005 年度：（1）青藏铁路全线铺通（经济类）；（2）奥运经济（体育类）；（3）香港迪斯尼（文化娱乐类）；（4）赴台

① 文汇新民联合报业集团新闻信息中心．http：//www.archives.sh.cn/zxshd/200503150003.htm；中国流行语 2006 发布榜，中国流行语 2007 发布榜．上海：文汇出版社，2006，2007．以及 http：//topic.news365.com.cn/08lyllxy_6230/default.htm.

旅游（港澳台类）；（5）境外赌博（廉政专题）。2005年春夏季：（6）门票涨价（综合类）；（7）欧洲游（国内时事类）；（8）廉价航空（经济类）。

2006年度：（1）社会主义新农村（综合类）；（2）青藏铁路（综合类）；（3）非物质文化遗产（综合类）；（4）文化创意产业（文化类）、原生态（文化类）。

2007年度：带薪休假（构建和谐社会专题）。2007年春夏季：碉楼与村落（文化类）。

二、流行语反映的旅游现象

从上述流行语可以看出，旅游流行语广泛分布于文化、经济、政治、体育等多方面，显示出旅游与国家社会经济诸方面问题息息相关。

（一）两大旅游类流行语差异分析

我们发现，不同机构评选出的旅游流行语，虽然有一定重合，但差异也非常大。这种差异，不但表现在数量上，也表现在内容和风格上。我们试图对差异产生的原因及差异的具体内容进行一些分析。

首先，上海文新集团评选的流行语，在数量上大于北京机构推出的流行语；而文新集团的流行语，一般都能全部覆盖北京机构评选出的旅游相关流行语，偶尔也会存在地域差异，例如，2004年入选北京机构“十大流行语”的“环球嘉年华”主题公园现象，由于事件发生在北京，因而在京各大媒体报道颇多，但没有进入上海机构的流行语系列。

其次，在性质和特征上，二者也有较大差异。其中，北京机构评选的流行语，偏重于宏大视角和官方视角，政治性特色明显。这或许与其语料来源媒体大多由中央机关主办，偏重于对政治性事件的关注，以及习惯于宏大视角的报道风格有密切关系。而上海机构评选的流行语，更贴近社会生活的多个方面，在对事件和现象的反映上也更为及时、全面、深入，体现出比较务实、细致、平实的风格。以2006年流行语为例，北京所评选的“社会主义新农村”、“青藏铁路”、“非物质文化遗产”、“文化创意产业”、“原生态”，它们虽然都与旅游活动和旅游产业发展有较大关系，然其含义包括但不限于旅游。前三者属于综合类流行语，后两者属于文化类流行语。而同年度上海评选出的“乡村游”、“进藏游”则直指因社会重大事件（如青藏铁路通车）而引致的流行旅游趋势，“零负团费”、“罢导”、“文明出游”则深入反映了当年发生在旅游界，并且直接影响到社会大众旅游消费者和潜在消费者的重大事件，“会奖旅游”、“探险游”、“太空游”等则及时反映了国际国内旅游界发生的具有重大新闻价值的消息或显示该行业市场重大动向的事项。再比如，有关“欧洲游”，虽然两大机构都将其评为流行语，但上海评出的时间是2004年，而北京评出的时间是2005年。“欧洲游”正式开通的时间是2004年春天，当年即在国内最大旅游网站——携程旅行网评选的2004年国内十大旅游新闻中名列榜首。因此，在个别问题的时效性上，上海的表现更为突出，而北京的略为滞后。

（二）流行语反映的旅游现象

流行语反映了哪些旅游现象？从北京和上海两大机构评选出的上述旅游及与旅游密切相关的流行语所反映的旅游现象中，我们发现其中既包括旅游目的地和旅游新产品，也包括旅游方式、旅游政策，以及各种具有重大社会影响的旅游事件。按照旅游研究的一般性范畴，我们将上述旅游流行语的属性进行了分类统计分析，结果如下[①]（括号内的数字表示同样或相近内涵的流行语出现的次数）。

表 旅游流行语类别分析

组别	类　别	流行语	数 量/个
A	旅游目的地、旅游产品	欧洲游（2）、农家乐（2）、太空游（2）、赴台旅游（2）、香港迪斯尼（2）、乡村游（2）、红色旅游、长今村、进藏游、会奖旅游、探险游、亲子游、新七大奇迹、美国游、奥运旅游、5A 级景区、环球嘉年华、奥运经济、境外赌博、非物质文化遗产、文化创意产业、原生态	22
B	旅游方式、旅游行为、旅游者	自驾游、自助游、自由行、驴友、背包族、深度游、女太空游客、换房旅游	8
	旅游政策	带薪休假（2）、小长假（2）、景点涨价（2）、新休假制度、境外赌博	5
	景区经营管理	景点涨价（2）、电子导游、5A 级景区、新七大奇迹、碉楼与村落	5
	旅游影响	长城保护、神州文化之旅、休游、景点涨价、文明出游	5

① 由于个别流行语（如景点涨价）明显涉及多个领域，所以同时将其归入相关的类别中。

续表

组别	类 别	流行语	数 量/个
B	旅行社经营管理	零团费、零负团费、罢导、在线旅游	4
	旅游交通	廉价航空（2）、青藏铁路全线铺通（2）	2
	旅游科技	电子导游、在线旅游、太空旅游、太空旅馆	4
C	饭店	换房旅游、太空旅馆	2

我们根据流行语数量的高低，将以上各类现象归为三组进行适当分析。

第一组为A类，即“旅游目的地和旅游产品”类。该组数据遥遥领先，占总额的50%，是旅游流行语反映最多的旅游现象。为什么旅游目的地和产品问题如此受到媒体和公众的关注呢？笔者认为，这是因为旅游产品是旅游者最为关心的问题，是与其旅游消费密切相关的；同时，中国当前正处于旅游快速发展的阶段，尤其是出境旅游方面，每年都有重大的旅游目的地被开放从而形成社会关注热点。因此，这一类问题成为社会关注热点，频频成为旅游流行语，势在必然。

第二组为B类，即流行语数量在2～8个之间的，包括旅游方式、旅游政策、景区经营管理、旅游影响、旅行社经营管理、旅游交通、旅游科技7个类别。

消费者的旅游行为和旅游方式，是市场的风向标，新兴旅游方式不但是旅游趋势的反映，更是旅游时尚的指南针，引导着某一时期旅游流行趋势的转变。在中国旅游业经过近30年的发展，许多人已经厌倦了浅尝辄止的观光旅游和机械式的跟团旅游时，自驾游、自助游、深度游等代表着更多自主选择、自由情趣和更高品位的旅游方式，也就成为具有引领风尚作用的新兴旅游趋势而进入流行范畴。

旅游活动的发生、旅游产业的兴盛，特别需要公共政策的引导。其中，最重要的政策，无疑是国家关于休假制度的政策。1999 年开始实施的“黄金周”长假制度，直接推动中国旅游业在 2000 年和 2001 年出现“井喷”效应,以至于普适性“黄金周”演化成“旅游黄金周”。因此，“黄金周”制度改革所引发的小长假和带薪休假制度等宏观政策，必然成为社会关注热点，同时也是影响未来社会公众旅游活动的重要因素。景点涨价和境外赌博问题也与政策紧密相关。由于当前我国的旅游景区大多数属于国家所有（亦即全民所有）的自然和人文资源，门票涨价虽然是具有经营权的景区的“企业”行为，但其实质却是地方政府对于国家（全民所有）的公共资源的属性认识不清，在缺乏有效监督的情况下，默许甚至怂恿景区进行无节制的涨价，引来社会各界的高度关注，从而使“景点涨价”成为高频率流行语。而 2005 年国家为打击腐败而对境外赌博的封杀，明显使若干地方的边境旅游和博彩旅游业大受影响。

旅游活动的日益发达，必然在社会、经济、文化、环境等各方面产生影响。如果说“长城保护”、李敖的“神州文化之旅”属于与旅游有关的文化保护范畴，神农架实施“休游”明显属于因旅游而起的生态环境保护,那么,“景点涨价”和“文明旅游”则同时产生了多元影响——前者对于大众消费者既有明显的经济影响，也引发了关于公共资源属性以及景点是否应该涨价的社会讨论，产生了广泛的社会影响；后者既折射出大众旅游活动所引发的社会问题，也引发了关于中国游客文明素质的问题，明显属于文化范畴。从影响的效果上看，有的流行语反映了正面影响，也有的反映了负面影响，个别流行语同时反映了积极和消极影响，如“文明旅游”和“景点涨价”。

值得注意的是，如果说大多数类别的流行语“喜忧参半”，或者以积极、正面格调为主的话，那么，旅行社经营管理方面的4个流行语，则全部反映了该领域负面的现象和消极的趋势。“零负团费”现象近年来在旅行社界泛滥成灾，导致游客受骗挨宰怨声载道，多次被评为“流行语”；与此同时，一些有责任感的导游也因为忍受不了没有工资靠欺骗宰客获取收益的“两面人”工作状态，自揭黑幕，直至2006年度频频引发导游“罢导”事件；“在线旅游”虽然属于旅游服务领域，并且也有个别强势旅行社进入在线服务，但是总体而言，携程等网络在线服务业绩的大幅度提升，对于只擅长做传统面对面服务的旅行社而言显然是一种挑战。作为现代旅游业的标志性行业和核心企业，我国旅行社业在国家高度保护和严格管治的双重管理下，不但没有获得顺利发展，反而问题丛生，社会声誉江河日下，接连数年以负面效应的流行语呈现在社会公众面前，值得行业管理者和研究界深思。

B组中的最后一类，是旅游科技。西方旅游业发展历程表明，科技的进步是旅游业获得飞跃性发展的强大助推器，照相机、火车、汽车、飞机的发明和规模化应用，每一次都带来了西方旅游业巨大的变化。电子导游技术、在线旅游服务、太空旅游等科技手段在当今旅游业中的运用，也同样是旅游发展中不可忽视的现象。

C组只有一类，那就是饭店。“太空旅馆”入选流行语，主要在于其新闻价值；而“换房旅游”主要显示一种新兴的度假旅游趋势，不但反映出度假旅游在近几年日趋流行，而且预示了饭店类住宿设施在度假旅游中具有迥异于其在传统观光旅游模式中的重要作用。饭店类流行语虽然没有像旅行社的那么多，但它们没有任何负面色彩含义，其实这从一个侧面说明我国饭店领域的发展比较常规、顺利，既没有出现与旅游者利益密切相关的重大创新，也没有出现重大问题。

第二章
国内旅游流行目的地

国内旅游市场是我国旅游业的一个重要市场部分。随着我国经济的持续快速发展和国内居民生活水平的不断提高，国内旅游市场的规模迅速扩大。据国家旅游局的统计，2006年，我国国内旅游继续快速增长。

——全国国内旅游人数达13.94亿人次，比2005年增长15.0%。其中：城镇居民5.76亿人次，比2005年增长16.1%；农村居民8.18亿人次，比2005年增长14.2%。

——全国国内旅游收入6 229.74亿元人民币，比2005年增长17.9%。其中：城镇居民旅游消费4 414.74亿元，农村居民旅游消费1 815.00亿元。

——全国国内出游人均花费446.90元，比2005年增长2.5%。其中：城镇居民国内出游人均花费766.45元，农村居民国内出游人均花费221.88元。

2006年是我国“十一五”规划的第一年。第一年的发展态势，无疑显示出“十一五”期间中国国内旅游发展的一个良好开端。

在2005—2007年间，中国旅游业发展经历了一系列不寻常的事件，形成了一个个旅游热点，它们对中国旅游业的发展产生了重要而深远的影响。当代中国大众休闲旅游发展趋势研究课题组成员将对2005—2007年间旅游业发展过程中的热点问题进行梳理，分析这些旅游热点产生的历史背景、呈现的基本特点及其产生的社会文化影响，并针对不同的旅游热点出现的问题作出提示。

2006年在旅游目的地方面上榜的流行词汇有：乡村旅游、社会主义新农村建设、农家乐、红色旅游、西藏旅游、文化遗产旅游等。

第一节　农家乐与乡村旅游

改革开放后，率先脱贫致富的一部分农民自发建立了一些乡村旅游点，既吸引了很多城镇居民前来休闲娱乐，也使这些乡镇村落更加富裕。进入21世纪后，随着城镇居民旅游消费支出的增加和乡村旅游建设的进一步完善，乡村旅游逐渐进入红红火火的发展阶段，中国共产党十六届五中全会提出建设社会主义新农村，国家旅游局还将2006年旅游主题确定为“中国乡村游”，提出了“新农村、新旅游、新体验、新风尚”的宣传口号，以远离喧嚣、放松精神、修养身心、回归自然为主要目的的乡村旅游也在全国各地蓬勃兴起，“乡村旅游”因此被评选为2006年旅游类流行语，“社会主义新农村”也成为当年与旅游相关的流行语。2006年“五一”、“十一”和“春节”三个旅游黄金周，全国城市居民出游中选择乡村旅游的约占70%，据测算当年乡村旅游人数超过3亿人次[①]，2007年全国乡村旅游年接待超过5亿人次[②]。乡村旅游正在越来越受到人们的青睐。

---

① 刘德谦. 中国旅游2006—2007：热点前瞻6.（2008-1-12）. http：//www.casstourism.com/ArticleDetails.aspx？id=937&type=3.

② （2008-03-12）.新华网 http：//news.xinhuanet.com/theory/2008-03/12/content_7769786.htm.

一、乡村旅游的发展

国家旅游局局长邵琪伟在中国旅游网的《局领导论旅游》栏目中曾论及乡村旅游的定义为：乡村旅游是以农村自然风光、人文遗迹、民俗风情、农业生产、农民生活及农村环境为旅游吸引物，以城市居民为目标市场，满足旅游者的休闲、度假、体验、观光、娱乐等需求的旅游活动[①]。乡村旅游的地域范围是能够提供旅游活动的广大农村地区，旅游主体是城市居民，旅游吸引物是乡村独特的自然风光、民居风情、生产生活形态、民俗文化等。

在英国，虽然在众多旅游休闲的形态当中乡村消遣娱乐休闲活动的起源比较早，可以追溯到18世纪，甚至更早时期，但群众性的参与却属于1945年以后，特别是1960年之后。这一新兴发展的休闲模式的主题为远离城市[②]。欧美发达国家乡村旅游大规模发展是在20世纪80年代以后，日本、韩国、中国台湾地区、新加坡等从20世纪70年代开始纷纷将乡村旅游提上工作日程[③]。

国内于20世纪80年代自发涌现出第一批乡村旅游点，这些乡镇村落大都成为当地先富裕起来的典型。20世纪90年代国家旅游局开展“旅游开发扶贫工程”，到1996年就取得了脱

---

① 邵琪伟．发展乡村旅游，促进新农村建设．http：//www.cnta.gov.cn/news_detail/newsshow.asp？ id=A2007312142145053414．

② 史蒂芬•威廉姆斯著，杜靖川，曾萍等译．旅游休闲[M]．昆明：云南大学出版社，2005．

③ 殷晓晶．我国乡村旅游的起源、现状及发展趋势探讨．集团经济研究[J]，2007，236（7）：147—148．

贫人口超过300万人的骄人业绩。例如，云南的西双版纳、湖南的湘西、四川的阿坝、广西的桂林等一大批地区的农村，靠发展旅游业实现了大面积的脱贫致富。进入21世纪后，国家旅游局倡导以农业生产过程、农村风貌、农民劳动生活为主要吸引物的农业旅游并开展了创建“全国农业旅游示范点”的活动，并在2005年命名“全国农业旅游示范点”359家①。2006年国家旅游局将旅游主题确定为“中国乡村游”，围绕这一主题年活动，各地发展了很多乡村旅游接待村落，接待了大量的乡村旅游游客，目前全国乡村旅游年接待超过5亿人次，收入超过3 000亿元，受益村（寨）超过2万个，受益农民超过2 400万②。

由于我国幅员辽阔，广大农村地区的旅游资源各异，以此为依托开发的乡村旅游类型也不尽相同，有以欣赏自然风光、参观古文化村落、观赏民俗节庆活动为主要内容的观光型乡村旅游，也有以参与春耕秋收、捕捞狩猎为主要吸引物的体验型乡村旅游，还有以“住农家院，吃农家饭，干农家活，享农家乐”为主题，以感受乡村生活、享受乡村乐趣为目的的度假型乡村旅游，这种乡村旅游方式被人们通俗地称为“农家乐”，这也是目前大中城市，如北京、上海、广州、成都等城市周边郊区主要发展的乡村旅游形式。

---

① 陆美英．浅谈上海郊区乡村旅游发展现状及对策．商场现代化 [J]，2007，502（5）：355—356．

② （2008-03-12）.新华网 http：//news.xinhuanet.com/theory/2008-03/12/content_7769786.htm.

二、“农家乐”——乡村旅游的主要表现形式

“农家乐”的概念有狭义与广义之分。我们通常所指的“农家乐”即狭义的“农家乐”，从购买者的角度来讲，它是指游客在农家田园寻求乐趣，体验与城市生活不同的乡村意味；从经营者的角度来讲，它是指农民利用自家院落所依傍的田园风光、自然景点，以低廉的价格吸引市民前来吃、住、玩、游、娱、购的旅游形式。广义的“农家乐”源于农业的概念，即广义的农业，它包括农、林、牧、副、渔。所以，广义的“农家乐”概念不仅包括狭义的“农家乐”，还包括林家乐、渔家乐等形式。它是以城郊农民家庭为依托，以田园风光和别有情趣的农家生活为特色，吸引市民来此休闲度假、观光娱乐、体验劳作的一种新型旅游活动[①]。

我国古代有很多描写农村自然风光的文学作品，如陶渊明的“采菊东篱下，悠然见南山”，孟浩然的“左右林野旷，不闻城市喧”等，这种恬静、安详的田园风光，激起了很多人对乡野情趣的无限遐想。

我们现在的“农家乐”始于1987年，四川省郫县友爱镇农科村徐家大院首先以“穿竹林，走石径，过小桥，观花木盆景，吃农家饭菜，宿农家屋”这种休闲方式打造出第一家“农家乐”[②]，在此后十几年的发展历程中，成都“农家乐”大致经历了1987—

① 田喜洲．休闲旅游“农家乐”发展探讨．北京第二外国语学院学报[J]，2002，107（1）：72—74．

② 陶正霞，黄国庆．关于“农家乐”旅游发展模式的探讨．广西农学报[J]，2007，22（4）：64—65.

1992年的自发发展阶段、1992—2004年的推广发展阶段和2004以后的规范发展阶段。直至2006年，成都全市“农家乐”的数量已达到5 596家。成都“农家乐”的发展历程也是全国乡村旅游的发展历程[①]。

“农家乐”之所以能迅速兴起并在全国范围内得以广泛发展，是因为它迎合了久住繁华城市的人们亲近自然、放松心情、逃避嘈杂的都市生活和紧张的工作环境的需要。当厌倦了都市的繁杂和钢筋水泥的禁锢，人们更乐意回归自然、体验质朴的乡土文化。而且“农家乐”之所以能备受人们的青睐，还在于其本身具有的竞争优势。

（一）交通比较便利

“农家乐”大多建于城市周边郊区，交通条件比较好，高速公路、国道或省道等高等级公路可直接入村，游客自驾车或乘公共交通工具时间不长，免去长途跋涉的劳顿之苦。以北京周边为例，大多数“农家乐”距离城区不足100公里，自驾车所花费的时间在两小时以内，交通路况也都不错。

（二）价格相对便宜

“农家乐”经营利用自家的生产生活设施、闲置的剩余劳动力和自产的农副产品，生产成本低，收费价格也自然不高。2007年北京周边“农家乐”的收费大约为80元/人天，包吃包住，这一价格对工薪阶层来说是完全可以接受的。

① 刘德谦．中国旅游2006—2007：热点前瞻6.（2008-1-12）.http：//www.casstourism.com/ArticleDetails.aspx？ id=937&type=3.

（三）文化特色明显

我国广大农村具有浓郁的民俗文化特色，以此为依托开发的“农家乐”也具有明显的文化特色。如陕西户县农民画闻名遐迩，其“农家乐”旅游也因此红红火火地开展起来。据统计，2007 年“五一”期间户县“农家乐”景点共接待游客 15 830 人次，实现纯收入 30.99 万元，分别比去年同期增长 369%、626%[①]。

（四）自然环境优美

“农家乐”远离喧嚣的城市，大都依托山水自然资源，花草树木景观别致，生态资源富足，春天花开，夏天纳凉，秋天收获，冬天赏雪，是吸引人们放松心情、远离喧闹、呼吸新鲜空气、感受农村文化的好去处。

（五）参与活动多样

在“农家乐”旅游过程中，游客不仅可以赏心悦目，观赏自然风光，还可以亲自参与农产品种植、动物养殖、瓜果采摘等农事活动，寓农于乐，使游客深度体验农村的生产生活。

三、乡村旅游发展与社会主义新农村建设的互动

十一届三中全会以来，中国共产党首先从加强农业、搞活农村、致富农民入手，率先推行农村改革，开创了改革开放的

① （2007−5−27）. 陕西农业网 http：//linyou.sxny.gov.cn/sites/MainSite/Detail.aspx？ StructID=4643.

新局面。经过二十多年的改革和发展，我们国家的工业化、城市化呈现良好的发展趋势，同时，贫富悬殊、城乡地区差距拉大的现实问题也愈加突显。为此，中国共产党十六届五中全会提出建设社会主义新农村，并出台了一系列重农、惠农政策，如减免税收、短缺农产品实行最低收购价等，以促进农民增收，提高农民生活水平。

我国当前正在大力发展的乡村旅游为广大的农村地区带来了新的发展良机，在合理调整农村产业结构、解决农村剩余劳动力就业和提高农民收入等方面都发挥着积极的作用。乡村旅游和社会主义新农村建设之间相辅相成，形成有效的互动。

（一）新农村建设为乡村旅游的健康稳定发展提供了良机

新农村建设的总体目标是“生产发展,生活宽裕,乡风文明，村容整洁，管理民主”，这一目标涉及农村的政治、经济、文化、社会管理的方方面面，是构建和谐新农村的重要举措。新农村总体目标的逐步实现也为大力发展乡村旅游提供了良机。

1.“生产发展”——乡村旅游发展的物质基础

旅游业的发展有赖于社会生产力的提高，同样，乡村旅游的发展离不开农村社会生产力的发展和农村综合生产能力的提高。乡村旅游需要农村社会生产发展到一定的基础上为其提供必要的物质条件，如“农家乐”的发展需要农村和农民必须要有一定闲置的生活设施、劳动力和农副产品,才可能满足游客“住农家屋，吃农家饭”的基本需求。

新农村建设的首要任务是生产发展，生产发展是指农业现代化和农村综合生产能力的提高。只有农村生产的发展和综合生产能力的提高，才有可能提高农产品技术含量，促进农民增产增收，改变农民的生活面貌，并解放一部分农村剩余劳动力，以为乡村旅游的发展提供必要的物质保障。

2.“生活宽裕”——乡村旅游发展的经济基础

生活宽裕是新农村建设的核心目标，实现该目标不仅需要开辟各种渠道增加农民收入，而且需要建设与改善农民生活直接相关的基础设施，如水、电、道路交通、信息通信等，这也正是乡村旅游发展必备的基础条件。

新农村建设以来，国家出台了一系列的惠农政策，如减免税收、增加补贴、发放小额贷款等，使近些年全国农民人均纯收入持续稳定增长，2007 年全国农民人均纯收入达到 4 140 元，比上年增长 9.5%①。农民收入的增加为乡村旅游的发展提供了资金保障，也为农民基础生活设施的改善提供了资金支持。

3.“乡风文明”——乡村旅游发展的人文保障

乡风文明涉及农村文化、民俗、社会治安等方面，是农村精神文明建设的重要内容。为建设社会主义新农村，需要不断提高农民的文化素质，造就懂技术、讲礼貌的新型农民，为此，国家近些年不断加大农村文化建设的投入，不断提高农民的受教育程度，增强农民的科技文化素养，改善农民的精神面貌。

农民受教育程度的提高，为乡村旅游发展培养了合格的从业人员；同时，农民素质的提高、农村风气的改善，为乡村旅游提供了良好的人文环境，提高了游客对乡村旅游活动的满意度，使乡村旅游持续稳定发展。

4.“村容整洁”——乡村旅游发展的环境保障

村容整洁的要求是改善农村的生态环境，不仅要求家畜进

① （2008−3−10）. 新华网 http：//news.xinhuanet.com/fortune/2008−03/10/content_7759885.htm.

圈、垃圾集中处理、厕所卫生、饮水达标等，而且要求重视保护农村的草场、森林、水利等，改善动植物生存环境，以促进农村生态环境的和谐、稳定、持久发展。

乡村旅游的一个重要吸引物就是农村自然环境优美、生态资源富足，能够为游客提供放松身心的好去处。新农村建设注重农村生态环境的保护，为游客提供优美的自然环境和干净卫生的生活条件，使游客真正达到愉悦身心的目的。

5.“管理民主”——乡村旅游发展的社会保障

管理民主要求实行村民自治制度和转变乡镇政府职能，乡镇政府不仅要为本地经济发展创造条件，担负起社会管理的职能，而且要为乡村提供公共服务。同时，乡镇政府要对村民自治进行正确引导。另外，农村基层党组织要紧紧围绕服务群众这个中心，切实发挥服务群众、凝聚人心的作用。

实施和完善管理民主将不断促进农村公共服务设施建设，保障农村良好的社会治安状况，实现农村社会稳定，这将为乡村旅游的发展提供重要的社会保障。

（二）乡村旅游发展对新农村建设发挥着积极的推动作用

我国当前正在大力发展的乡村旅游正适合社会主义新农村建设的需求，是促进新农村建设和保障农民增收的一项切实可行的举措。乡村旅游发展对新农村建设的积极推动作用主要表现在：

1. 带动农村经济发展

随着我国2006年“中国乡村游”和2007年“中国和谐城乡游”主题年活动的开展，乡村旅游迅速在国内大中城市和旅游风景区周边展开，乡村旅游接待人次逐年急剧增加，2006

年“五一”、“十一”和“春节”三个旅游黄金周，全国城市居民出游中选择乡村旅游的约占70%，据测算当年乡村旅游人数超过3亿人次[①]，2007年全国乡村旅游接待超过5亿人次[②]。乡村旅游游客的涌入，必然要在广大的农村地区开展“食、宿、行、游、购、娱”等各项旅游活动，农村居民在为游客提供旅游服务的同时，他们的收入也得到了大幅度的提高，2007年全国乡村旅游收入超过3 000亿元[③]。

乡村旅游是劳动密集型产业，需要很多农村劳动力来从事住宿、旅游景区景点的讲解、旅游商品的生产和销售、旅游交通、餐饮等各项旅游服务工作。乡村旅游的大力发展，可以解决一大批农村剩余劳动力的就业问题，促进农村剩余劳动力的就地转移，从根本上缓解农村人口转移的巨大压力。以乡村旅游吸引物主要为自然景观和少数民族风情的贵州省为例，2006年乡村旅游的直接和间接从业人员17.85万，占全省旅游总就业人数的41.23%[④]。这充分说明乡村旅游的发展可以为社会提供大量的就业机会。

乡村旅游的发展，不仅表现为农村旅游住宿、餐饮、交通、旅游商品销售等旅游服务业的强劲发展，而且带动了与此相关的通信、电力、医疗、银行等相关服务产业的建立和完善，加快了农村第三产业的发展步伐，有效地促进了农村产业结构的调整和优化。

---

① 刘德谦．中国旅游2006—2007：热点前瞻6．（2008−1−12）http：//www.casstourism.com/ArticleDetails.aspx？ id=937&type=3.

② （2008−03−12）．新华网http：//news.xinhuanet.com/theory/2008−03/12/content_7769786.htm.

③ 同②。

④ 同①。

乡村旅游的发展，增加了农村就业人数和农民收入，促进了农村产业结构的调整，有效地带动了农村经济的发展，这一发展变化与新农村建设的“生产发展、生活宽裕”目标保持高度的一致，为新农村建设奠定了扎实的基础。

2. 为新农村建设积累资金

乡村旅游的发展，使农村获得大量的旅游收入，2007 年全国乡村旅游收入超过 3 000 亿元[①]。大量旅游收入的获取，不仅成为了农民个人的收入来源，也通过税收和盈余留成等方式构成了村、乡（镇）各级政府的资金来源，解决了部分乡、村财政经费问题，为乡、村基础设施和公共设施的建设提供了资金支持，也为新农村建设提供了资金保障。

3. 推动农村精神文明建设

文化是旅游的灵魂，农村特有的民风民俗是乡村旅游的文化资源，是吸引游客旅游的重要因素之一，为此，各地都十分注重对传统文化的保护和对民俗风情的深入挖掘，如保护古建筑、学习传统手工艺、演练民间歌舞、传承民俗习惯等。而且，乡村旅游的发展，使农民增加了与外界交流的机会，开阔了农民的眼界，使其深刻认识到教育的重要性，农民愿意加大子女的教育投入。同时，乡村旅游的发展也使农民获得了更多接受科技培训、旅游培训的机会，提高了农民的综合素质，也促进了农村的“乡风文明”。

乡村旅游的发展还增强了农民的法律意识和法制观念，使农民不仅知法，而且自觉将守法作为其行为规范和准绳，从而促进了农村社会治安状况的改善和农村社会的稳定。

---

① （2008−03−12）. 新华网 http：//news.xinhuanet.com/theory/2008−03/12/content_7769786.htm.

4. 改善农村生态环境

造就和维护良好的旅游环境，是发展乡村旅游的首要任务，为此，农村居民十分注重自然环境的保护，积极植树造林，不滥砍滥伐，重视乡村环境卫生的保护、水利资源的合理利用，并注重保护古树、古建筑，使农村环境面貌焕然一新，这也是新农村“村容整洁”建设需要达到的目标。

（三）乡村旅游发展中存在的问题

我国乡村旅游发展十分迅速，也为农村带来非常可喜的变化，但我国乡村旅游在总体发展建设上尚存在许多不足，主要表现为以下几点：

1. 管理分散，建设雷同

我国的乡村旅游大都是农户自行开展的，是在学习、模仿的基础上建立起来的。以北京周边的乡村游为例，农家院的建设非常相似，提供的服务也相差无几，缺少从村镇（乡）甚至城市总体角度出发进行整体规划，且大多依靠农户自行招商、自我约束、自我管理，村镇（乡）二级的管理十分松散。

2. 乡村文化挖掘不足

目前的乡村旅游主要为游客提供低价食宿，游客在乡村的活动非常有限，主要就是在田间地头闲逛、小池塘垂钓，或是结伴打牌、唱卡拉 OK，游客难有机会感受当地的乡村文化。这种现象正在引起人们的注意与重视，一些乡村正在依托当地的民俗文化发展文化大院，如：演唱二人转、扭秧歌、跳舞、唱京剧和昆曲、放电影，或是参与到当地居民的手工艺制作中等，既不让游客感觉乡村生活枯燥乏味，也丰富了当地居民的业余文化生活。

（四）乡村旅游和新农村建设的共同发展、和谐共赢

乡村旅游和新农村建设的互动，使我们清楚地认识到发展乡村旅游是建设新农村的重要手段，建设新农村是发展乡村旅游的最终目标，只有两者的共同发展，才能实现和谐共赢。

1. 先有新农村，才有新旅游

新农村建设为乡村旅游发展提供了经济和物质基础以及人文、环境和社会保障。只有新农村建设的不断完备，才可能为乡村旅游提供坚实的基础，才能使游客在农村有深刻的旅游体验和重复的旅游消费，乡村旅游才可能朝着健康、有序、可持续的方向不断发展和完善。

2. 有了新旅游，促进新农村

乡村旅游的开展使农村的经济建设、精神文明建设和生态环境建设都得到极大的改善，为新农村的全面建设和发展起到了良好的推动作用。只有不断发展乡村旅游，才能在增加农民收入、提高农民物质生活水平的同时，通过游客的流动和信息的交流，丰富农民的精神生活，提高农民的综合素质，促进新农村建设的全面实现。

乡村旅游经过二十多年的发展，已经在全国范围内形成了很大规模。但我国的乡村旅游发展并不十分成熟，主要为游客提供农村生产、生活的自然环境，但对乡村文化挖掘不足，使得游客的乡村旅游体验十分相似。在社会主义新农村建设中，各地需要深入挖掘乡风乡情，为乡村旅游的游客提供深度体验，以促进乡村旅游的长久健康发展。

第二节 红色旅游

红色旅游是近年来兴起的一种专项特色旅游活动形式和产品类型，是革命传统教育和旅游产业观念与时俱进的结果，是革命精神与现代旅游经济的结晶，具有显著的中国特色。由于经济效益、社会效益及政治影响的驱动，红色旅游持续升温，已经步入一个共同关注、新兴发展的阶段。红色旅游资源丰富且分布广泛,意义独特深远,为红色旅游奠定了基础。在新时期，红色旅游走可持续发展道路势在必行。可持续发展核心理论包括环境可持续发展、经济可持续发展、社会可持续发展三方面。红色旅游环境可持续发展是红色旅游可持续发展的基础层次，不仅在开发和发展时要保护生态环境，实现自然环境可持续发展，而且由于红色旅游的特殊性更应重视红色旅游与其人文环境的可持续发展。红色旅游经济可持续发展是红色旅游可持续发展的经营层次。红色旅游发展初期处于社会主义传统的计划经济体制向中国特色的社会主义市场经济体制转型时期，在政府的大力扶持下，取得了一定的经济效益。目前发展红色旅游必须转变观念，适应市场经济，以便取得长期的经济效益。红色旅游社会文化可持续发展是红色旅游可持续发展的最高层次，红色旅游发展对文化传播和政治教育有很大的积极作用。但是由于种种原因，红色旅游在发展中也出现了一些问题，所以必须加强对红色旅游的管理，使红色旅游能够可持续发展。

一、红色旅游发展的基本历程

（一）红色旅游的萌芽阶段

从新中国成立后到改革开放前期国内红色旅游一直以纯粹的政治接待为主。人们有组织地到革命圣地、纪念地、参观点参观学习，主要目的是接受爱国主义教育、革命传统教育和政治思想教育，大多数情况由公家付费，接待也是按照政治教育的模式操作。显然对于这类参观学习，不能称为“红色旅游”，只能算作红色旅游的初级阶段。

（二）红色旅游的起步阶段

20 世纪 80 年代中后期，随着社会经济的快速发展和人民生活水平的迅速提高，国内旅游快速发展。以革命圣地、纪念地为主要旅游资源的一些地方，凭借多年来开展革命传统教育的条件，开始探索由事业接待、政治接待向旅游接待、旅游经营转变。

（三）红色旅游的快速发展阶段

20 世纪 90 年代中后期，随着全国旅游业的大发展，旅游业成为我国国民经济新的增长点，各革命圣地和纪念地所在地政府看到可依托其发展旅游的潜力，从而催生出新的旅游品种——“红色旅游”。1998 年，江西率先提出了响亮的“红色旅游”促销口号——“红色摇篮，绿色家园”，把“红色旅游”真正推向了市场，红色旅游面临着空前的市场发展机会。特别是隔几年一次的重大纪念活动，如纪念抗战胜利 50 周年、庆祝新中国成立 50 周年等，为红色旅游注入了强大的动力。党和国家领导人到一些革命老区参观指导工作，各种媒体加强对红色旅游的宣传报道，政府对革命文物、遗址投资维修，改善革命圣地、纪念地交通条件和城市环境，在革命圣地和纪念地举办各种纪念活动，进行文艺演出，组织各部门参观学习，形成了创历史纪录的接待高峰，为这些革命圣地带来了巨大的经济效益，红色旅游进入了快速发展期。红色旅游的口号和称谓由此产生[①]。

（四）红色旅游的市场化发展阶段

进入 21 世纪，大众休闲旅游和假日旅游蓬勃发展，红色旅游也明显受益。在 2001 年的“成都中国国内旅游交易会”上，江西旅游局率先打出“红色旅游”的横幅，种下了这颗必将生根发芽、开花结果的“精神种子”。很多地方把红色旅游列为当地重要的旅游资源。例如，井冈山在研究当地旅游业的定位和形象时，就提出“一红一绿”的战略发展思路，红就是红色旅游，绿就是秀美山水和绿色生态。延安、遵义、西柏坡等地也把红色旅游作为当地旅游发展的最大特色与优势。2001 年，一些革命圣地、纪念地成立了区域性的红色旅游协作组织，2002 年在浙江嘉兴召开了红色旅游推介会、红色旅游论坛，这说明红色旅游已被纳入了旅游发展的范畴，实现了从事业接待向旅游接待的跨越。

① 高舜礼．中国红色旅游发展的历程、特征与对策．2003—2005 年中国旅游发展：分析与预测．北京：社会科学文献出版社，2005：165.

（五）红色旅游发展的高峰阶段

2004年“红色旅游”浪潮席卷了我国大江南北，成为重要的一项旅游产品。2004年2月在全国旅游工作会议期间，上海、北京、江西、福建、河北、广东和陕西等省市签署了《郑州宣言》，提出了“打造红色旅游品牌，推动红色旅游大潮”的口号，倡导“资源共享，信息共用，市场共建，利益共谋”，正式拉开了红色旅游热潮的序幕。

2004年7月31日，由国家旅游局、共青团中央和湖南省人民政府共同主办的为期一年的“中国红色之旅·百万青少年湘潭韶山行”活动正式启动。

2004年8月，在纪念红军长征70周年之际，国家旅游局正式启动了红色旅游工程，这一举措给方兴未艾的“红色旅游”添了一把火。根据有关资料统计，国家旅游局启动的“红色旅游”工程主要内容有如下几个方面：计划用5年时间，在全国范围内重点建设以10大“红色旅游”基地、20个“红色旅游”名城、100个“红色旅游”经典景区为主体的“红色旅游”骨干体系；全面整合“红色旅游”资源，大力构建“红色旅游”体系，不断推出“红色旅游”精品景区和线路，并逐步辐射到其他“红色旅游”区（点）①。

2004年9月，郑州宇通与《中国旅游报》联手启动“红色旅游”——“乘宇通车，走红色路”活动。

2004年10—11月，江西省旅游局等单位发起并举办了“新世纪、新长征、新旅游——2004年中国奥克斯汽车红色之旅万

① 王晓洋．试论中国“红色旅游”业的发展现状．高职论丛，2006（6）．

里行”活动。

2004年12月，江西省制定了《江西省红色旅游发展纲要》。

2004年12月国家发改委、中宣部和国家旅游局等部门共同研究制定的《2004—2010年全国红色旅游发展纲要》正式出台。

2005年2月22日《2004—2010年全国红色旅游发展纲要》正式颁布实施。这一纲要是对红色旅游健康发展的重要保证，促使红色旅游的发展更加迅猛。

二、红色旅游兴起的原因

与一般旅游景点相比，红色旅游景点有着其自身的特点。中国社会科学院旅游研究中心专家魏小安认为红色旅游产品的主要功能是教育性。红色旅游兴起的原因，最重要的一点是我国社会长久以来传统的爱国主义教育。爱国主义教育一直是我国公民情感教育的主要组成部分，而以参观游览革命纪念地、纪念物为主要形式的红色旅游又恰好是爱国主义教育的重要部分，这样一来，红色旅游的客源市场相对于其他旅游产品而言，非但不会因为气候等原因出现大的下滑，相反会因为纪念日以及节庆而瞬间增长，市场潜力不可估量。随着社会进入一个新的时期，传统的爱国主义教育也需要创新和发展。2005年适逢世界反法西斯战争胜利60周年，全世界人民都在深刻追忆在反法西斯战争中死难的人们，受国际大环境的影响，国内各地各种类型的纪念活动也在如火如荼地进行着。通过旅游的方式将娱乐和教育的功能结合起来，将旅游和需求结合起来，就产生了这种新的产品——红色旅游，而且这种新产品具有很多现实的时尚需求。例如，在青少年教育、企事业单位的精神文明建设等方面，以及随着旅游市场中团队消费、带薪休假、会议旅游等种种新产品的出现，对于红色旅游这种类型的旅游资源存在着大量的需求。归根到底，受我国国情的影响，近年来，随着政府对国民情感教育，特别是爱国主义教育的日益重视，加上旅游业的迅猛发展，与二者相关联的红色旅游势必会火爆起来。

“红色旅游”火爆的另一原因是2004年8月国家旅游局正式启动的“红色旅游”工程，它起到了推波助澜的作用，给方兴未艾的“红色旅游”添了一把火[①]。另外，中国国家旅游局在2005年推出中国“红色之旅”旅游主题，也对红色旅游的发展起到了巨大的推动作用。

三、发展红色旅游的重要意义

红色旅游是建立在红色资源基础上的一种精神文化产品，融政治性、教育性、观赏性于一体，具有很强的政治意义、经济意义和文化意义。

（一）政治意义

发展红色旅游是新时期、新形势下进行思想政治教育工作的新方法、新途径，是教育人民特别是青少年一代的特殊课堂和鲜活教材，是新时期进行爱国主义教育和革命传统教育的独特载体。由于红色旅游以中国共产党在各个时期领导革命斗争

① 王晓洋.试论中国“红色旅游”业的发展现状.高职论丛，2006（6）.

的纪念地、纪念物及其所承载的革命精神为主要吸引物，因此具有重要的政治意义。红色旅游还具有巩固中国共产党的执政地位、促进政治稳定的作用[①]。

（二）经济意义

大多数红色旅游目的地处于经济欠发达革命老区。红色旅游不仅可满足一部分旅游市场的特殊需求，也给革命老区带来了可观的经济收入，促进了地方经济发展。发展红色旅游可以加快革命老区的基础设施建设，培育和发展特色产业，促进贫困落后的革命老区将资源优势转化为经济优势，推进老区全面实现小康进程。一大批国内著名的革命纪念地利用老区丰富的红色资源将发展红色旅游作为振兴地方经济的重要举措并已取得初步成效。据有关部门统计，2003 年，参加红色旅游的约 1 亿人次，给革命老区带来的综合经济效益约 200 亿元[②]。

（三）文化意义

发展红色旅游还具有弘扬伟大民族精神、加强青少年思想道德建设的意义。发展红色旅游，顺应了我党在十六大提出的全面建设小康社会的要求；顺应了目前随着物质生活水平的提高人们对精神文化生活的更高追求及弘扬民族文化和革命精神、提高民族凝聚力的要求。红色旅游有利于发展先进文化，使旅游者更加了解中国革命史，提高人们思想道德修养，也可以让老区人民接受外来文化的熏陶，形成思想文化方面的双向交流。

---

① 刘思敏．红色旅游：政府主导　市场发力．2004—2006 年中国旅游发展：分析与预测．北京：社会科学文献出版社，2006：113.

② 发改委、中宣部、国家旅游局就发展红色旅游答问．(2005-02-22)．新华网．

同时也有利于对革命历史文化遗产的保护和对中华民族传统文化的传承。

因此，发展红色旅游不可能只是政治运动式的一股热潮，而是一项关乎中国共产党和国家、革命老区等各方面发展的长期工程。所以，发展红色旅游，必须以科学的发展观为指导，走可持续发展的道路。

四、红色旅游的基本特征

根据中共中央办公厅、国务院办公厅印发的《2004—2010年全国红色旅游发展规划纲要》，所谓红色旅游是指以中国共产党领导人民在革命战争时期形成的纪念地、标志物为载体，以其所承载的革命历史、事迹和精神为内涵，组织接待旅游者开展缅怀学习、参观游览的主题性旅游活动[1]。即“红色旅游”就是以革命纪念地、纪念物及其所承载的革命精神为吸引物，组织接待旅游者进行参观游览、学习革命知识、接受革命传统教育和振奋精神、放松身心、增加阅历的旅游活动，是一种高品位的文化旅游。

红色旅游具有以下特征：

（一）历史地位是决定红色旅游产品吸引力的主导因素之一

红色旅游开发不同于一般旅游地的开发，起决定作用的除了革命纪念地的自然景观外，更主要的是它在历史时期的地位

① 国家旅游局. 2004—2010年全国红色旅游发展规划纲要. 2004，12.

高低和影响大小。革命纪念地在中国革命历史上的地位决定了其红色旅游资源品位的高低。从历史角度看井冈山、延安、西柏坡等地在中国革命史上占有极为重要的特殊位置，正是因为这些革命纪念地享有广泛的知名度，有着高品位的红色旅游资源，其红色旅游产品才对游客形成了相对于其他红色旅游地更为强烈的吸引力①。

（二）红色旅游基本依托国内游客，国际游客所占市场份额较小

红色旅游的旅游结构中以国内旅游占绝对优势。由于海外游客特别是外国游客对中国革命史了解甚少，加之信仰和国家体制的差异，目前红色旅游的游客构成中海外游客占的比例相当小。但由于红色旅游产品具有深厚的历史内涵和巨大的历史价值，无论是对中国而言还是从世界范围来看，那场具有深远意义的中国革命，在中国乃至世界历史上都占有十分重要的地位。因此，红色旅游的发展不仅应着眼于国内旅游市场，也可以服务于国际市场。中国人以一种缅怀先烈、体验革命文化的心情来游历革命遗迹，是一种特殊的旅游享受；外国人可以带着不同的眼光来欣赏和了解中国革命的历史和文化，也是一种难得的旅游体验。

（三）游客群体以公费旅游为主

长期以来许多革命纪念地是作为爱国主义教育和革命传统教育的基地来宣传的，这就在客观上为公费旅游提供了市场。

① 尹晓颖．红色旅游产品特点和发展模式研究．人文地理，2005（2）．

各级党组织举办一些诸如重温入党誓词、新党员入党宣誓等主题活动，首选之地便是这些有着丰富的革命景观、厚重的红色文化底蕴，但又不乏优美自然景色的革命纪念地。红色旅游地的游客职业构成也以干部、军人、学生为主。

（四）红色旅游以观光产品为主

由于红色旅游是以特殊的革命圣地和纪念地为主要旅游吸引物，因而其产品以观光型为主，使游客在观光游览的同时可以接受革命传统教育和爱国主义教育。因此，红色旅游的游客行为是以观光游览、精神体验和接受教育为主要目的的。这种观光式游览方式，使旅游者一般停留时间较短。另外，革命圣地和纪念地作为爱国主义教育基地，带有明显的公益性质，收费定价不太高。

（五）红色旅游具有独特的旅游季节性特征和消费行为特点

红色旅游区别于一般旅游活动的旅游旺季多集中在“五一”、“十一”和春节等几个黄金周。由于红色旅游活动的内容和目的有别于其他旅游活动，因而政治性因素对游客行为变化会产生明显影响。在有较大纪念活动的时段，如中国共产党建党 80 周年前夕以接受革命传统教育为目的的游客比例明显上升，而一般时段则以观光游览为主要目的。故红色旅游旅游旺季多出现于“七一”、“八一”或某一重要历史事件的发生日等一些纪念日或有较大纪念活动的时段。此外，不同年龄结构的游客也表现出不同的行为。老年人特别是一些老党员、老干部多是出于他们的红色情结故土重游，缅怀往昔；青壮年通过领略前辈的丰功伟绩，激励自己更加奋发向上，努力工作；而青少年则通过接受教育，培养爱国情感。当然，利用红色旅游地良好的环境和气候条件来度假休闲的游客的比例也在逐步上升。

（六）红色旅游开发模式基本为红色搭台，绿色唱戏

作为革命纪念地，红色旅游景观比较丰富，有着很高的知名度，但这些革命纪念地由于多处在比较偏僻、经济比较落后、服务接待设施不太配套的地区，单纯的红色景观对现时游客的吸引力有一定限制，很难独立支撑起当地的旅游业。然而，这些地区大多山川秀丽、景色宜人，在拥有丰富的红色资源的同时也一般具有美丽的自然风光。有些就处在国家风景名胜区内，因此，其旅游开发基本上是采用红色搭台、绿色唱戏的模式，利用红色资源的高知名度为号召，真正卖点和发挥主导作用的是其优美的绿色景观和良好的生态环境。通过形成很好的绿色旅游产品，对红色产品形成强劲的支撑和有效的补充，并在此基础上进一步拓展旅游空间和完善产品体系，从而提升其作为旅游目的地的作用①。

（七）红色旅游是政府主导，具有较大政治相关性

革命圣地、纪念地在人们心目中意味着一种特殊的精神和文化，是接受艰苦奋斗教育、革命传统教育的重要场所。在旅游过程中主要是通过一些伟人遗物、照片等的展示，配以适当的解说，使“红色旅游”效应从眼睛文化过渡到心性文化再深刻到心灵的境界。通过对革命圣地和纪念地的游览观光，可以激发游客的爱国主义情感，传播先进文化，塑造美好心灵，弘

① 尹晓颖．红色旅游产品特点和发展模式研究．人文地理，2005（2）．

扬社会正气。为了贯彻爱国主义教育实施纲要（中宣部于1997年6月公布了首批百个爱国主义教育示范基地，在建党80周年前夕又公布了第二批全国百个爱国主义教育示范基地，这些示范基地成为人们接受革命思想教育的首选之地），许多企事业单位纷纷组织员工、学生前往这些地方接受爱国主义教育。一些家长为使孩子接受艰苦奋斗教育、革命传统教育也将旅游目的地选为红色景点。总体而言，红色旅游既可弘扬革命传统，又能促进当地经济发展、社会进步和精神文明建设。

五、红色旅游的社会影响分析

（一）红色旅游的积极社会影响

1. 红色旅游成为老区发展经济的突破口

许多革命老区由于地处偏僻边远、交通不便的山区，经济发展相对落后，因此发展革命老区经济一直是各级政府的工作重点。红色旅游的兴起成为发展当地经济的一个突破口和新的经济增长点。旅游业的发展不仅为革命老区带来了可观的经济收入，而且也带动和促进了其他产业的发展。如井冈山的旅游人数从1990年的18.14万增加到2002年的113.45万，旅游总收入从1995年的20 877万元增加到2002年的59 500万元。据资料显示，井冈山以旅游业为龙头的第三产业增加值已上升到国民生产总值比重的38%，首次超过第一、第二产业增加值，占据了国民生产总值的主导地位。2000年国内生产总值达64亿元，第三产业增加值占国民生产总值的41.2%，实现财政收入63 063万元，城市居民人均收入5 800元，农民人均纯收入达 2 364 元，全市 35% 以上社会劳动力从事旅游产业，旅游业已成为井冈山市的支柱产业。①

不少老区地处偏远山区，为了增加旅游景区的可进入性，政府或者开发商投资修建或改善了当地交通等基础设施，极大地方便了当地与外界的交流。同时红色旅游带来的客源也带动了当地的旅游相关产业，从而扩大了扶贫和就业效果。例如，广西百色市借助红色旅游开发了绣球和民间陶瓷等民族手工艺品，以此带动百色民族工业的发展。②

2. “红色旅游”的发展带来了巨大的社会效益

发展“红色旅游”是开展爱国主义、社会主义教育的有力工具。我国的红色旅游区大部分位于老、少、边、穷集于一体的革命老区，有些地区生态环境较为脆弱，因而也是开展环境教育的基地。同时，发展“红色旅游”对旅游者（尤其是年轻旅游者）的智力开发、美感培育和人格培养也具有很重要的意义。革命老区往往经济欠发达，人民生活困苦，发展“红色旅游”可以起到以人的流动带动信息、资金、技术、物质、文化流动的作用，对打破老区封闭思想禁锢、促进当地经济发展、使老区人民过上幸福安康的生活同样具有重要的意义。从 2005 年 4 月 9 日举行“江、浙、沪红色旅游三地联动启动仪式”以来，江苏常熟沙家浜红色旅游区出现“井喷”现象，红色旅游已经是沙家浜主打的重要旅游产品，在全国旅游市场已享有很高的声誉。沙家浜风景区以建设红色旅游景区为契机，切实推进旅游基础设施建设，着力提升景区文化内涵。投资近 3 000 万元，

① 尹晓颖 . 红色旅游产品特点和发展模式研究 . 人文地理，2005，(2).

② 刘思敏 . 红色旅游：政府主导　市场发力 . 2004—2006 年中国旅游发展：分析与预测 . 北京：社会科学文献出版社，2006：113.

恢复修建了沙家浜老街（水乡影视基地）、春来茶馆、刁宅大院、江南小渔村等红色旅游景点，高标准改造区内主干旅游道路 6 公里，调整改造绿化约 3 万平方米，按 4 A 标准在景区修建起 10 座旅游厕所，新增购物街一条。景区整体环境由此焕然一新，景观质量和文化内涵都达到了新的水平。

（二）当前红色旅游中存在的问题

1. 盲目跟风，缺乏科学规划

大部分革命老区地处偏僻，具备良好的生态环境、淳朴的乡土人情、鲜明的地域特色及民族风情等，其发展旅游的优势正缘于此。但由于观念和认识不足，很多地区只是简单地把红色旅游资源当做经济资源来对待，对资源保护管理不力，缺乏全局观念和长远的眼光，片面强调经济效益，急功近利，短期行为突出，导致历史资源、环境遭到破坏和人、财、物的浪费。如有的景区迁就投资商，在景区内大兴土木，修建各种各样的现代化游乐设施，造成与当地景观极不协调的景象，这种在利益驱动下进行的短期开发，没有科学的规划，严重破坏了当地的生态环境，降低了旅游资源的文化层次，而生态系统的破坏、文化景观的变质所造成的后果往往是无法挽回的，这种对环境和资源的破坏性开发已成为红色旅游可持续发展的主要障碍。

2. 缺乏对资源的整合，产品建设单一

一个地区的旅游要对游客有吸引力，必须有适应市场需求的旅游产品，不能有什么产品就宣传什么。一些革命老区缺少立足全国的规划和统筹，没有把红色旅游置于整个旅游发展的大盘子中考虑。红色旅游资源在当地旅游资源中占有什么地位，没有在统筹考虑的基础上给予实事求是的认识和评价。例如，井冈山、延安等红色旅游资源密集、丰富、成片的地区，可以把红色旅游作为主打形象。但那些资源相对零星、单一，只有区域性影响的地方，就不一定要把红色旅游作为当地旅游的主打形象，而要考虑当地什么旅游资源最富有吸引力、最适应旅游市场的需要。另外，大多数旅游景区对红色旅游资源的开发主要以革命遗址为主，对革命遗址类旅游资源的依赖性较大，资源开发深度不够，旅游以参观游览为主，展示方法单一，缺少特色，趋同化倾向较为严重，缺乏参与性、吸引力和感染力，旅游体验不足，致使游客停留时间短，消费不足，经济效益不高。对于景区内的自然风光、淳朴的乡土人情、鲜明的地域特色及民族情调等多数只进行了一些粗放的低层次的开发，没有形成系统的旅游产品。

3. 红色旅游产品开发的商品化

一些地区红色旅游在开发过程中由于受到外来文化和商业大潮的巨大冲击，常常忽视其资源特有的文化价值和精神价值，对其特有的人文资源和革命遗址缺乏有效的保护和继承，致使其原有的文化价值被商业价值所取代。旅游者面对这样的旅游产品感受不到有益的教育和熏陶。同时，旅游发展使当地居民认识到地方文化和旅游者带来的外来文化之间存在着差异，他们的生活方式、生活习惯在外来文化的影响下发生了一定的变化，革命老区的一些优良传统习俗在某种程度上也受到了一些旅游者不良行为的冲击，思想受到世俗、落后、颓废观念的影响。如何有效保护老区的特有文化、提高老区人民的思想意识也是当前坚持红色旅游可持续发展战略中迫切需要解决的问题之一。

4. 部分从业人员素质不高

由于红色旅游资源包含着丰富的政治历史文化内涵，讲解要准确规范，因此，它对从事红色旅游工作的从业人员提出了更高的要求。目前，从业人员总体学历水平、文化素质和业务素质都偏低，尤其缺乏中高层次专业人才。特别是有些导游在讲解的过程中不了解历史，不能把握红色旅游的本质，不了解红色旅游的背景及文化内涵，没有规范的讲解词，没有使用标准的普通话，而是使用外地游客难以听懂的方言俚语和道听途说的一些传闻逸事来讲解，大大降低了红色旅游的文化含量，削弱了红色旅游的教育功能①。

六、发展红色旅游应采取的对策

（一）科学制定红色旅游可持续发展规划

红色旅游的发展需要科学规划，合理布局，适度开发。要加强旅游资源的调查和评价工作，突出重点，提高档次，避免重复性建设和急功近利、破坏性开发，确保可持续发展战略的实施。②发展红色旅游应该坚持“积极保护,合理开发”的原则，做到开发和保护相互协调，在保护的基础上开发，在开发中实现更有效的保护，使红色旅游资源的保护与开发实现双向互动，和谐统一，在取得社会效益的基础上谋求经济效益，从而带动革命老区的发展。

（二）综合开发和丰富红色旅游产品内涵

红色旅游产品的开发要注意红、绿、古、俗等各色旅游资

① 阎友兵．红色旅游的可持续发展研究．湖南工程学院学报，2006（3）．
② 阎友兵．旅游开发问题研究．长沙：湖南师范大学出版社，2001：120.

源相结合，注重参与性、趣味性、冒险性、体验性，变红色旅游区单一的观光型旅游产品结构为以生态观光、休闲度假等为主流的产品结构[①]，加强“红色体验”，以产生持续的旅游吸引力。一是做到“红”与“绿”的结合。就是将红色旅游资源与自然山水资源相结合。革命老区多位于尚不发达的山区，拥有良好的生态环境，可以把红色旅游资源和自然山水巧妙结合起来，在开发时要大力发展生态旅游，使游客在革命圣地接受革命传统、爱国主义教育的同时又游览了祖国的大好河山。二是做到“红”与“古”的结合。就是将红色旅游资源与深厚的地域文化底蕴相结合，进一步提升红色旅游的文化含量，形成具有地方特色的文化旅游线路，满足不同层次旅游者的需要。如湖南可以将红色旅游与湖湘文化、名人文化相结合，让游客更深层次地了解湖南历史。三是做到“红”与“俗”的结合。就是把红色旅游资源与丰富的民俗相结合，扩大“红色旅游”的活动范围，增加趣味性和参与性。如在少数民族红色旅游区可以让游客看民俗表演，参与和体验少数民族风情等。

（三）维护当地民族和民俗文化环境

在开发红色旅游产品中，要正确处理保护和开发的关系。民族文化在旅游中应该是保护性开发和可持续性开发，使民族文化在旅游中能健康发展。民族文化的开发不能仅仅视为经济行为、短期行为和功利行为，民族文化的开发要有民族个性特点，不能丧失土生土长的原汁原味，丧失朴素和纯洁，使民族文化异化。要为旅游者介绍当地的概况，使其能更好地理解并尊重

① 方世敏，罗茜．打造韶山红色旅游产品的战略思考．湘潭大学学报（哲学社会科学版），2004，（5）．

当地居民的生活方式、文化传统，开发出具有当地民族特色的旅游产品。开发“红色旅游”产品，尤其要注重保护红色旅游资源、注重维护其原生性，将人为破坏的影响降到最低，从而实现红色旅游资源的常驻永存,实现“红色旅游”的可持续发展。

（四）提高从业人员整体素质

红色旅游景点的讲解不能像讲解自然景观和一般的人文景观那样人为地尽情演绎发挥，要尊重历史，尊重事实。导游员和讲解员的讲解至关重要，他们是旅游文化的直接传播者，肩负着传播红色文化的使命，因此必须对从事红色旅游的导游人员进行有效的专项培训，使他们熟悉革命历史，了解革命人物的生平事迹。必须请专家撰写标准的导游词，规范从业人员的言行举止,除注意历史事实的准确性和真实性外,还应寓教于乐，把游客带入到那段特殊的岁月中去，使旅游者获得多方面的收获和启迪。此外旅游行政主管部门应重视人才的培养，重视人力资源的开发管理，实施导游、景点管理人员等人才培养工程，全面提高旅游从业人员的素质。

（五）进一步推进区域间的整体合作和搞好促销

红色旅游地的产品开发除了对自身产品进行搭配组合，实现产品的多样性外，还必须注重与周边区域的旅游景点进行协作，开展以红色旅游为主题的深度合作，特别是与周边重量级旅游景点的合作。采取捆绑式销售的方式，将红色旅游产品作为其所在区域旅游产品的一部分。通过开展区域联合促销，实现产品互补、优势互补，从而扩展客源市场。

第三节　西藏旅游

西藏自治区是以藏族为主的少数民族居住区，平均海拔在 4 000 米以上，被称为“世界第三极”。独特的地理环境造就了西藏丰富多彩的自然旅游资源，孕育了西藏多姿多彩的文化旅游资源。西藏独特的旅游资源逐渐被人们认识和重视，在全国乃至世界范围内逐步引发了西藏旅游热，自 2004 年西藏旅游接待总人次数首次超过 100 万大关后，接待总人次数每年都有较大程度的增加，年均增长在 50% 左右，“西藏旅游”也因此被入选 2005 年旅游类流行语。尤其是 2006 年 7 月青藏铁路的建成通车，为“西藏旅游”提供了更为便利的交通工具，使更多的人能去西藏旅游。2007 年全年西藏接待旅游总人次数已经突破 400 万，达到 403 万，比 2006 年增加 60.4%，实现旅游总收入 48.5 亿元，比 2006 年增长 75.1%，占全区 GDP 的 14.2%①，旅游业已经发展成为西藏自治区的重要产业之一。

一、西藏的旅游资源

西藏地处东经 78° 24′ ~ 99° 06′ 、北纬 26° 52′ ~ 36° 32′

① 数据来源于西藏旅游资讯网。

的范围内，南北最长约1 000公里，东西最宽达2 000公里，面积120多万平方公里，占全国国土面积的1/8，居全国各省区第二位。西藏的北界昆仑山、唐古拉山与新疆维吾尔自治区和青海省毗邻，东隔金沙江与四川省相望，东南与云南省相连，南界喜马拉雅山与尼泊尔、不丹、印度、缅甸等国家接壤[①]。西藏是以藏族为主体的少数民族自治区，藏族人口占总人口的绝大多数；其次是汉族以及回族、门巴族、珞巴族等。地域的独特性和多民族相交融，形成了西藏极为丰富的、特有的自然和文化旅游资源。

（一）西藏的自然旅游资源

1. 地质地形壮观

西藏位于世界上面积最大、海拔最高的高原——青藏高原，平均海拔4 000 ~ 4 500米，被称为“世界屋脊”、“雪域高原”。西藏地势由西北向东南倾斜，地形复杂多变。西藏境内分布着众多著名的山脉，如东西向的昆仑山脉，横亘在藏北高原的北缘，以3 000 ~ 5 000米的高差俯临塔里木盆地，形势极为壮观；喜马拉雅山脉，巍峨蜿蜒于青藏高原南缘，其主峰中尼边界上的珠穆朗玛峰海拔8 844.43米，是世界第一高峰；冈底斯—念青唐古拉山脉，位于藏北高原的南缘，为藏北、藏南与藏东南的分界线，也是西藏内外流水系的天然分界线。以上这些山脉中有许多世界著名的山峰，据统计，世界上8 000米以上的高峰西藏占5座，7 000米以上的高峰达40多座[②]，这些山峰具有极大的吸引力，不仅吸引着专业旅游者前去登山、探险、考察、

---

① 段丽萍．西藏自治区旅游资源概况 [J]. 四川地质学报，2003，23 (3)：182—187.

② 同①.

科学研究等，而且也是旅游观光的理想场所。

2. 水系发达

西藏是我国河流最多、湖泊密集度最高的省区之一。西藏流域面积大于 2 000 平方公里的河流有 100 多条，其中最为著名的为雅鲁藏布江。雅鲁藏布江在念青唐古拉山和喜马拉雅山的挟持下，由西向东奔流，在遇到伯舒拉岭的阻碍后，以南迦巴瓦峰为中心，从东西向急转南下，形成了极为奇特的马蹄形大拐弯，在江水强烈切割作用下，峡谷区群山对峙，峡谷深切。据考证，围绕南迦巴瓦峰的核心部分的平均深度在 5 000 米以上，最深处可达 5 382 米，是名副其实的世界第一大峡谷。西藏也是世界上高原湖泊湖面最高、范围最大、数量最多的高原湖区，全区大小湖泊共有 1 500 多个，湖泊面积 2.4 万平方公里，占全国湖泊面积的 1/3 以上[①]。西藏奔流壮观的江河峡谷和安详宁静的湖泊，吸引着大量的旅游者前去观光、摄影。

3. 动植物种类繁多

西藏地形奇特，山脉终年积雪覆盖，山谷森林密布，峡谷深切几千米，从山顶至山底形成寒带、亚寒带、温带、暖温带等完全不同的气候条件，造就了西藏丰富的植物资源。据统计，西藏共拥有高等植物种类 6 000 多种，其中虫草、贝母、藏红花、雪莲等药用植物有几百种。在西藏静谧的湖泊周围遍布着肥美的草场，成为西藏的动物王国，西藏境内共有哺乳类动物 140 余种，鸟类 480 余种，爬行类 56 种，两栖类 5 种，鱼类 68 种，昆虫类 2 300 种，其中有被列为国家级重点保护动物的野牦牛、藏羚羊、猞猁、麝等，占全国重点保护动物的 1/3 以上。西藏

① 朱普选. 西藏旅游资源的地域特色及其开发评价 [J]. 西藏民族学院学报，2002，23（1）：28—44.

丰富的动植物种类成为吸引旅游者的重要旅游资源之一。

（二）西藏的文化旅游资源

1. 宗教文化与建筑

藏族传统文化具有浓郁的宗教色彩。藏传佛教是藏族文化的核心和主体。藏族人民的价值取向、道德规范、心理素质、思维模式都受到藏传佛教的深刻影响。藏族人以生命轮回和轮回是苦的佛教理论来确立人生观，这种人生观具有广阔的视野和时空观念，从而形成一种达观的人生态度，但是又将这种美好愿望寄托于来世，甘于忍受现实环境的艰辛、生活的贫困，具有来世福报思想。而且藏族人相信因果报应，具有行善布施的良好思想与行为。可以说藏族传统文化的各个层面都渗透着浓厚的宗教色彩，或者说是藏传佛教色彩。藏族地区最宏伟壮丽的建筑就是佛寺，如巍峨雄伟的布达拉宫、风景如画的罗布林卡、金碧辉煌的大昭寺等。以西藏的标志性建筑布达拉宫为例，其海拔 3 700 多米，占地总面积 36 万余平方米，东西长 360 米，南北宽 270 米，主楼 13 层，高 117 米，宫宇叠砌，巍峨耸峙，气势磅礴，是世界上海拔最高，集宫殿、城堡和寺院于一体的宏伟建筑。布达拉为观音圣地普陀洛迦的梵语译音，意为观音慈航以普救众生。西藏佛寺不仅是佛教经典的研习、佛教教义的宣传和培养佛教僧徒的场所，也是藏人受教育的场所。

2. 民俗风情

西藏的民俗风情绚丽多姿，多体现在节庆、民族服饰、饮食、传统手工艺等方面。藏族的传统节日很多，几乎每月都有，例如藏历新年、酥油花灯节、雪顿节、林卡节、沐浴节、望果节、江孜赛马节、雅砻文化节、珠峰文化节等。藏族服饰是西藏高原一道美丽的风景线，五彩的服饰配以使用的火镰、腰刀、火枪等，是藏区男性生存的用具和财富的体现，而精美的绿松石、珍珠、珊瑚、各色项链和饰品装饰在服装上则使得女性更加妩媚动人。饮食上，藏族以食用麦、米、青稞等粮食和牦牛、犏牛、绵羊、山羊等耐寒动物的肉为主，且为了御寒和抗干燥，藏族全民嗜茶，特别是耐寒而且耐燥力极强的酥油茶，是他们终日离不开的茶饮。藏民编织、锻造的氆氇、地毯、卡垫、腰刀、金银首饰等手工产品具有浓郁的民族特色，也是极具购买和收藏价值的旅游商品。

3. 民间艺术

藏民族的民间艺术博大精深，体现了藏民族的集体智慧。西藏素有“歌舞的海洋”之称，人人能歌善舞。藏族歌舞，尤其是一些即兴表演，很多都来源于人们的日常生活与工作，如藏族舞蹈模仿撒种、拔草、收割、捻羊毛、纺线、挤奶、取酥油等劳动动作，既具有观赏性、审美性、艺术性，也具有大众性、参与性。藏族歌舞不仅是藏族群众精神生活的重要组成部分，也是西藏非常重要的文化旅游资源。西藏民间文学具有十分独特的地域性，如史诗《格萨尔王传》中将雄狮大王格萨尔的灵魂寄托在高大的玛沁雪山上。西藏还有很多关于雪山、河流、湖泊的美丽、有趣的传说，如：相传位于西部阿里的神山冈仁波钦雪山有四个子女分别是雅鲁藏布江（马泉河）、狮泉河、象泉河和孔雀河。四兄妹相约分头出发在印度洋相会，雅鲁藏布江在历经艰险后来到了工布地区，受一只小鹞子的欺骗，耽误了行程，三个兄妹早已比他先到了印度洋，于是他匆忙中从南迦巴瓦峰脚下掉头南奔，一路的高山陡崖都不能挡住他的脚步，为早日与兄妹们相会，哪里地势陡峭险峻他就从哪里跳下，最终形成了这条深嵌在千山万谷中的雅鲁藏布大峡谷①。

4. 藏族传统医药

举世无双、雄伟壮观的青藏高原，素有“世界屋脊”之称，在高寒缺氧的自然环境下，藏族人民通过长期丰富的生产生活实践，博采中医学、古印度医学、古阿拉伯医学之长，积累完善而形成独具特色的传统医学体系。如藏医认为在人体内存在“隆”(气)、“赤巴”(火)、“培根”(土和水)三大因素，生病原因在于环境、气候、饮食、起居的影响及体内三大因素失调②。藏族传统医学是一种特殊的文化，它体现了千百年来藏族人民对自然、健康和生命的求索，对人与自然内在关系上的探索，以及战胜病魔的成功经验。藏医药历史悠久、独具特色、疗效显著，2006年5月20日，藏医药经国务院批准被列入第一批国家级非物质文化遗产名录。如今体验藏医药的治病救人功能和感受传统藏医药文化也被开发成独具特色的旅游项目。

二、对西藏旅游的描述与分析

(一)青藏铁路对西藏旅游的促进作用

西藏独具特色的自然和文化旅游资源，对大多数游客来说具有极大的吸引力，西藏旅游业也因此取得了平稳的发展。2006年以来在全国乃至世界范围内掀起了一股“西藏旅游”热，这很大程度上得益于2006年7月青藏铁路的建成通车。

① http://www.51yala.com/html/2006818161114-1.html.
② 陈敦山，栗军．试论藏族传统文化与藏族现代文化建设[J]. 西藏民族学院学报，2002，23(2)：9—12.

1963—1979 年青藏铁路从西宁修到格尔木，并于 1984 年开始运营。2001 年 6 月 29 日青藏铁路格尔木至拉萨段开始施工，经过四年多的艰苦努力，于 2005 年 10 月 12 日全线贯通，2006 年 7 月 1 日，北京、上海、成都、广州同时开通至拉萨的列车，青藏铁路正式开始运营。青藏铁路北起西宁，南至拉萨，全长 1 956 公里，跨越青海、西藏两省区。青藏铁路的开通，结束了西藏不通铁路的历史，缓解了西藏航空运输和公路运输运力不足的困境，较好地解决了入藏难的问题。青藏铁路的开通，为“西藏旅游”热的形成和西藏旅游业的持续稳定发展创造了良好的条件。

1. 近年来西藏旅游总体情况

随着国内旅游热的升温，受西藏自然和文化旅游资源的吸引前往西藏旅游的人群也络绎不绝，2004 年旅游接待人次首次超过 100 万大关，以后逐年平稳增长，尤其 2006 年青藏铁路的开通，不仅源源不断地输送着游客入藏观光、摄影、登山、科考和探险，而且青藏铁路途经青海湖、可可西里自然保护区、昆仑山、羌塘大草原、纳木错等自然景区景点，青藏铁路沿线本身就是一条充满神秘色彩的旅游风景线，吸引着游客的目光。西藏近年来旅游总体情况如下表所示。

表 2-1　西藏旅游业总体发展情况汇总表①

年 份	旅游总人数（万人次）	旅游总收入（亿元）	约占GDP比重（%）
2004	122.3	15.3	7.2
2005	180	19.4	7.7
2006	245	26	9 左右
2007	403	48.5	14.2

① 数据资料根据西藏电子旅游政务网上数据资料整理而成。

从近年来西藏旅游统计数据我们可以看到，西藏旅游业正处于稳定发展的良好时期，尤其是2006年青藏铁路的开通，为“西藏旅游”热提供了经济、安全、便捷、稳定的交通运输保障，使2007年西藏旅游有一个较大的突破：旅游总人数首次超过400万人次，旅游总收入达到48.5亿元，旅游总收入相当于GDP的比重首次超过10%，达到14.2%的水平。

2. 近几年西藏旅游饭店业主要经济指标[①]

西藏旅游的发展，不仅体现在入藏旅游人数的增加上，还体现在旅游服务企业的经营规模、经营业绩以及旅游从业人员数量的变化等相关经济指标上。下面针对西藏旅游饭店业的主要经济指标分析其近几年的总体经营情况。

表2-2 西藏星级饭店主要经济指标（1）

年份	饭店数量（家）		客房数		床位数		固定资产总额	
	全部星级饭店	三星及三星级以上饭店	数量（间）	较上年增长（%）	数量（张）	较上年增长（%）	总额（万元）	较上年增长（%）
2004	64	26	4 677	–	9 196	–	132 570.48	–
2005	64	26	4 956	5.97	9 651	4.95	134 909.48	1.76
2006	62	29	5 224	5.41	10 306	6.79	154 593.71	14.59

从西藏星级饭店的主要经济指标我们可以看到，尽管西藏2006年全部星级饭店数量有所减少，但三星及三星级以上中高星级饭店的数量是增加的，这说明西藏的星级饭店的硬件设施设备和软件服务水平还是有所提高的，这可以进一步从星级饭店客房数、床位数以及固定资产总额等指标上得到印证。2005、2006年西藏星级饭店的客房数和床位数都分别较上年有所增

① 数据资料根据中国旅游统计年鉴2005、2006、2007整理而成。

加，这说明西藏星级饭店的服务接待能力在持续稳步增长；而在固定资产总额这一经济指标上，2006 年比 2005 年有比较大幅度的增长，增长率达到 14.59%，剔除 5% ~ 7% 的客房数、床位数等服务接待能力增长产生的影响外，说明西藏星级饭店在内部服务设施上相对来说有比较大程度的改观。

表 2-3 西藏星级饭店主要经济指标（2）

年 份	客房数（间）	客房出租率（%）	客房出租数①（间/天）	星级饭店客房年出租间天数②（万间）
2004	4 677	45.26	2 116.81	77.26
2005	4 956	39.76	1 970.51	71.92
2006	5 224	37.56	1 962.13	71.62

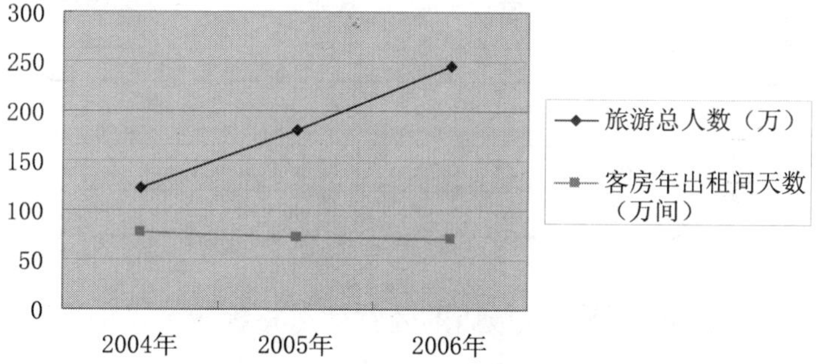

图　西藏星级饭店客房年出租数和旅游总人数对比分析

① 客房出租数的计算为客房间数 × 客房出租率。
② 客房年出租间天数的计算为客房出租数 ×365。

青藏铁路开通后每年入藏旅游人数有较大幅度的提高，尤其2006年西藏旅游总人数达到245万，比2005年增长38.89%，但西藏星级饭店客房数较上年增长幅度很小，客房出租率还有所下降，由此推算出的客房出租天数和客房年出租间天数都较以前年度有所下降，这说明近些年有越来越多的入藏游客入住在非星级饭店、帐篷或是藏民家中。不考虑游客为深度体验西藏的自然风光和民俗风情而不入住星级饭店的因素，从星级饭店经营角度来说，西藏星级饭店应该通过电视、网络、平面媒体等各种渠道加大宣传力度，扩大饭店的知名度，并采取各种促销手段改善饭店淡季客房出租情况，提高星级饭店客房出租率。

表 2-4 西藏星级饭店主要经济指标（3）

年份	平均房价[①]（元/间天）	营业收入（万元）	从业人数（人）	全员劳动生产率[②]（万元/人）
2004	268.18	20 720.68	11 123	1.86
2005	352.26	25 335.68	11 041	2.29
2006	365.35	26 165.33	10 865	2.41

从近几年西藏星级饭店的经营效益指标看，平均房价和营业收入指标的增长幅度很小，仅有不足4%的增长比率，全员劳动生产率增长不足5%，并没有和入藏旅游人数一样呈现较大程度的增长趋势。从星级饭店经营管理的角度来说，需要深入挖掘星级饭店内部管理潜力，从改善设备设施和提高服务管

① 平均房价的计算为营业收入 / 客房年出租间天数。
② 全员劳动生产率的计算为营业收入 / 从业人数。

理水平等多方面入手，不断提高星级饭店经营管理水平和经营效益。

（二）西藏旅游的影响和作用

旅游资源的开发和旅游业的持续发展，必须以保护旅游资源为前提，尤其西藏地处青藏高原，自然条件复杂，生物资源丰富，自然景观震撼人心，人文景观具有民族特色，多数旅游资源具有极度的脆弱性和不可再生、不可复制的特点，因此，应在重点保护西藏旅游资源的过程中适度发展西藏旅游。

西藏旅游的影响和作用主要体现在以下一些方面：

1. 为保护西藏旅游资源提供了资金

近些年来西藏旅游平稳发展，尤其是“西藏旅游”热兴起后，前往西藏旅游的人群络绎不绝，他们在西藏自治区游览过程中发生的住宿、餐饮、交通、门票、购物以及娱乐等各方面的支出都构成西藏的旅游收入，成为西藏 GDP 的重要组成部分。旅游收入的增加，不仅使西藏旅游从业人员的收入大幅度提高，使他们的日常生活有了明显的改观，而且也为西藏旅游资源的保护提供了源源不断的资金。以西藏最著名的旅游景点布达拉宫为例，2007 年前 11 个月的旅游接待人数已经达到 101.3 万人次[①]，以每人 100 元门票价格为标准，粗略计算布达拉宫一年的门票收入至少应该在 1 亿元以上，这部分门票收入有相当比例将用于布达拉宫内佛堂经殿的日常维修和设备设施的更新改造，从而为保护布达拉宫这一人类伟大建筑提供了资金支持。

① 数据资料来源于拉萨旅游网。

2. 提高了保护旅游资源的认识

在不断发展西藏旅游的过程中，人们对如何保护旅游资源、促进西藏旅游和谐和可持续发展逐步有了更深刻、系统的认识。以布达拉宫为例，随着西藏旅游业的全面发展，每天参观游览布达拉宫的人流如织，人们很快意识到川流不息的人群对布达拉宫的建筑和经卷、壁画等都将会造成毁灭性的影响，如在布达拉宫的主体建筑内，过多游客在宫内逗留，使土木结构的古老建筑在同一时间承载过重，不但会造成椽子木下垂或开裂、折断，墙体下沉或鼓闪、松动等，而且对地基也会产生不容忽视的威胁。经多方论证，布达拉宫从 2003 年起将每天的接待人数限定在 2300 人，黄金周期间增加 300 张浮动门票以满足旅游需求。同时为有效分流游客，减少旺季游客数量的急剧增加对布达拉宫旅游接待产生的巨大压力，布达拉宫从 2008 年 1 月 1 日起开始执行门票淡旺季差异价格，每年 5 月 1 日至 10 月 31 日为旅游旺季，门票价格 200 元 / 张；每年 11 月 1 日至第二年 4 月 30 日为旅游淡季，门票价格 100 元 / 张①。

3. 促进西藏社会文化与现代文明相交融

文化的产生和发展是与社会经济的发展息息相关的，西藏旅游也正与现代文明发生着悄然融合，如利用互联网技术对西藏旅游资源进行宣传和营销，不仅极大地提高了信息的传播速度，而且能有效地提高西藏旅游业的经营管理水平。在旅游业蓬勃发展的过程中，人们正逐渐揭开西藏神秘的面纱，对西藏有了更为直观、全面的认识和了解，那儿不仅有传统文明的深深烙印，也有现代文明的足迹；不仅有寺庙、毡房，也有高楼大厦；不仅有酥油茶、牦牛肉等传统饮食，也有肯德基、麦当

① 资料来源于西藏电子旅游政务网。

劳等快餐文化。

4. 深入挖掘西藏旅游资源

尽管西藏的自然旅游资源极其丰富，但由于受自然条件的限制，旅游景区景点大多位置偏僻遥远，且地处高海拔地区，含氧量低，紫外线照射强，对游客的身体是一个严峻的考验。而在旅游景点相对集中的自治区首府拉萨，游览活动以参观布达拉宫、罗布林卡、哲蚌寺、大昭寺等为主，使得游客产生“白天看庙，晚上睡觉”的印象。为弥补西藏境内旅游景区景点布局分散的缺憾，需要深入挖掘西藏的文化旅游资源，开发更多具有民族特色的节庆、婚庆、食物品尝、服饰穿着、歌舞表演、手工艺品制作等体验性、参与性强的旅游项目，以提高旅游项目的趣味性，丰富西藏旅游资源。

“西藏旅游”热的兴起带动了西藏旅游业乃至西藏各行业的全面发展，不仅与食、宿、行、游、购、娱旅游六要素相关的餐馆、饭店、交通等各行业取得可喜的业绩，而且与之相关联的其他行业，如邮电、旅游商品加工等也迎来了发展良机，使西藏确立了合理的“三二一”型产业结构。西藏旅游业正成为西藏发展速度最快的支柱产业，在振兴西藏经济的过程中发挥着举足轻重的作用。“西藏旅游”经过 4 ～ 5 年的飞速发展，正在逐步走向成熟，人们清醒地认识到，在向游客适度展示西藏自然旅游资源的同时，更应该深入挖掘西藏的文化旅游资源，以增强游客对西藏旅游的全面认识。

第四节　非物质文化遗产旅游

我国的历史悠久和幅员辽阔造就了丰富的文化遗产，我国仅申报成功的世界遗产项目就多达37个，数量位居世界第三。这些丰富的文化资源已经成为我国重要的旅游吸引物，吸引了大批的国内游客前往参观游览，也使许多国外游客对中国文化产生了浓厚的兴趣。2006年6月10日，我国正式实施第一个“文化遗产日”，文化遗产旅游越来越受到人们的重视，尤其是2006年国家公布了首批国家级非物质文化遗产项目，2007年又首次公布了第一批国家级非物质文化遗产项目传承人，更引发了人们对非物质文化遗产旅游的浓厚兴趣。“非物质文化遗产”也成为2006年与旅游相关的流行语。

一、物质文化遗产和非物质文化遗产

联合国教科文组织于1972年11月通过了《保护世界文化和自然遗产公约》，后又于2003年10月正式通过了《保护非物质文化遗产公约》，目的是为了依靠国际的协助，对缔约国具有世界意义的物质及非物质文化遗产进行保护，使之能够永远传递下去。我国自1985年加入公约至2008年7月，已经申报成功的世界遗产项目达到37个，其中自然遗产7个、文化遗产

25 个、自然与文化双遗产 4 个、文化景观 1 个，数量位居世界第三，另外，我国的昆曲、古琴、木卡姆和蒙古长调还被联合国教科文组织确定为“人类口述遗产和非物质遗产代表作”。

物质文化遗产具有比较明确的范围，指具备典型意义、有着独特或重要的历史文化、科教审美等方面价值的文化遗存，具体地说就是指从历史、艺术、人类学或科学角度看，具有突出、普遍价值的文物、建筑群和遗址，是与具体的物质实体相关联的[①]。非物质文化遗产的范围相对物质文化遗产的更为宽泛，联合国教科文组织在《保护非物质文化遗产公约》中将非物质文化遗产定义为“被各群体、团体、有时为个人所视为其文化遗产的各种实践、表演、表现形式、知识体系和技能及其有关的工具、实物、工艺品和文化场所。各个群体和团体随着其所处环境、与自然界的相互关系和历史条件的变化不断使这种代代相传的非物质文化遗产得到创新，同时使他们自己具有一种认同感和历史感，从而促进了文化多样性和人类创造力。非物质文化遗产包括：(1) 口头传统和表述；(2) 表演艺术；(3) 社会风俗、礼仪、节庆；(4) 有关自然界和宇宙的知识和实践；(5) 传统的手工艺技能”。

物质文化遗产与非物质文化遗产的关系表现在下述三个方面：其一，物质文化遗产与非物质文化遗产是文化遗产的两个组成部分。与物质文化遗产相比，非物质文化遗产更注重以人为载体的知识技能的传承。与故宫、长城等物质文化遗产不同，非物质文化遗产是以人为主线的活遗产，更注重的是技能、技术、知识的传承，蕴涵着民族民间文化特有的精神价值、思维方式、想

① 彭岚嘉．物质文化遗产与非物质文化遗产的关系 [J]．西北师范大学学报，2006，43（6），102—104．

象力和文化意识。其二，物质文化遗产与非物质文化遗产是相互依存、相互作用的。非物质文化促生物质文化，而物质文化中包含了非物质文化遗产。你中有我，我中有你。从理论上将文化遗产分为物质文化遗产和非物质文化遗产是可以的，但实际操作中两者又是交织在一起的。在保护工作中应该二者兼顾，不可顾此失彼。其三，物质文化遗产与非物质文化遗产共同承载着人类社会的文明，是世界文化多样性的体现。非物质文化遗产所蕴涵的民族特有的精神价值、思维方式、想象力和文化意识，是维护文化身份和文化主权的基本依据。对于一个地区或一个国家而言，二者相辅相成，缺一不可，它们构成一种文化的整体形态①。

我国自 1987 年周口店北京人遗址、甘肃敦煌莫高窟、山东泰山、长城、陕西秦始皇陵及兵马俑首批当选为世界物质文化遗产以来，申报成功的世界遗产项目越来越多，而且都是国内非常著名的旅游景点，在开展旅游的同时如何合理有效地保护这些遗产项目也正引起专家、学者的重视。但人们对非物质文化遗产的认识相对滞后，直至 2003 年联合国教科文组织才通过了《保护非物质文化遗产公约》，我国目前只有昆曲和古琴申报成功世界非物质文化遗产项目。国家于 2006 年 6 月公布了首批 518 项国家级非物质文化遗产项目，涉及民间文学（共 31 项）、民间音乐（共 72 项）、民间舞蹈（共 41 项）、传统戏剧（共 92 项）、曲艺（共 46 项）、杂技与竞技（共 17 项）、民间美术（共 51 项）、传统手工技艺（共 89 项）、传统医药（共 9 项）、民俗（共 70 项）10 大类，并于 2007 年 6 月公布了第一批民间文学、杂技与竞技、民间美术、传统手工技艺、传统医药 5 大类的 226 名国家级非

---

① 彭岚嘉．物质文化遗产与非物质文化遗产的关系 [J]．西北师范大学学报，2006，43（6），102—104．

物质文化遗产项目代表性传承人，目的在于促进全社会对非物质文化遗产的重视，达到传承和保护非物质文化遗产的目的。

二、非物质文化遗产保护与旅游发展的和谐共赢

我国的非物质文化遗产传统上主要依靠口授和行为传承的方式代代相传，这种封闭的传承方式不能为人们广泛认识，在现代化发展进程中逐渐濒临消亡。要想将技艺、技能等进行传承和延续，必须将其放入到现代生活空间，让人们去认识、感受、学习并发展。在现代社会生活中，旅游资源科学、合理的开发利用能促进旅游文化的广泛传播，如果能对非物质文化遗产进行合理、有效的开发利用，必将对非物质文化遗产的保护产生切实有效的作用。

（一）非物质文化遗产的合理开发可以丰富旅游内涵

首先，从非物质文化遗产本身来看，非物质文化遗产是一定地域范围内人们在适应自然环境的前提下在生产生活过程中凝结的集体智慧和独特的审美情趣，并在代代相传的过程中适应社会经济的发展而不断完善和进步，它凝聚了这一地域人们的情感，蕴涵着当地传统文化的根源，是当地鲜明的文化标志，如果能够对其加以合理有效的开发利用，将是这一地区旅游乃至其他产业可持续发展的核心竞争力。以我国著名的旅游地丽江为例，不仅玉龙雪山、虎跳峡、大研古镇等成为了丽江旅游的重要项目，而且聆听纳西古乐也已成为丽江旅游不可或缺的内容之一。纳西古乐由丽江洞经音乐、白沙细乐以及部分东巴音乐融合而成，是纳西族人们集体智慧的结晶，经过几百年的

流传早已经深入纳西族人们的心灵，如今宣科先生和纳西族老艺人参演的大研古乐会不仅开创了全国古乐商业性展演的先河，而且在国际上享有一定的知名度，曾到世界几十个国家巡回演出。对很多游客来说，聆听纳西古乐会带给他们的心灵震撼，绝不亚于玉龙雪山的雄伟、虎跳峡的壮观、大研古镇的精巧带给人们的心灵感受。纳西古乐与丽江的其他旅游资源相辅相成、相得益彰，不仅纳西古乐在丽江旅游品牌中占有举足轻重的地位，而且提升了丽江旅游品牌的文化价值。

其次，从游客的心理来看，旅游行为产生的推动力是寻求异质文化体验，非物质文化遗产是某一地域范围内的传统知识、文化现象，承载着当地代代相传的文化基因，对当地非物质文化遗产的欣赏，可以领略当地民间文化的精华，体验地方文化，从而满足人们的求异心理。聆听过大研古乐会的绝大部分游客可能不懂纳西文字，对纳西古乐更没有深入的研究，但人们在感受音乐带给他们典雅与古朴的同时，从中体会的是纳西族文化的积淀，这是与他们本民族文化相去甚远的另类文化体验，会在他们的旅游体验中留下更为深刻的印记。

（二）旅游发展促进非物质文化遗产保护

第一，非物质文化遗产与某一地域人们的生产、生活环境息息相关，随着人们生产条件的日益完善和生活条件的不断改善，非物质文化遗产生存的环境发生了很大的变化，非物质文化遗产得以延续和发展的根基正在发生动摇。如果对其进行合理的旅游开发，可以为非物质文化遗产保护创造良好的环境。如宜昌三峡车溪民俗旅游区探索了旅游与文化一体化开发模式，于 2004 年被纳入三峡民间文化遗产保护和中国民族民间文化保护工程试点基地，成为三峡农耕文化和土家族民俗文化的展示和传承基地，为非物质文化遗产的生存和繁衍营造了原生态“土壤”[①]。

第二，保护非物质文化遗产是一项耗资巨大的系统工程，申报国家级甚至世界级非物质文化遗产项目固然可以获得一部分保护资金，但这部分资金远远不够。而且很多非物质文化遗产项目在没有申报和评审之前更需要耗费大量资金进行挖掘和保护。如果对其进行合理的旅游开发，可以将部分旅游收入用于非物质文化遗产项目的各项保护工作，将能对其产生更为直接的效果。

第三，保护非物质文化遗产需要有广泛的群众基础，需要广大的人民群众参与其中进行发掘、整理、传承等各项工作。对其进行合理的旅游开发，不仅可以使当地群众深刻认识到非物质文化遗产的重要性，提高对非物质文化遗产的重视程度，而且可以通过游客的广泛传播，扩大影响，吸引更多的人参与到对非物质文化遗产的保护工作中。近几年，随着“红色旅游”的开发，带动了井冈山、韶山、遵义等革命根据地旅游业的发展，也使当地居民和游客对当年鼓舞红军士气、宣传长征精神的红色歌曲产生了浓厚的兴趣。为此，江西省政府及多家单位每年联合在井冈山举办“红歌会”，这不仅吸引了全国乃至国外大量的游客参与到传唱“红歌”的行列中，而且使大量群众自觉加入到对红歌的深入发掘和保护行列中。

第四，保护非物质文化遗产可以采用多种方式。将其纳入博物馆、展览室进行陈列、讲解，使游客有所了解是方式之一，但不是唯一方式，也不是最佳方式。把它放到人们的现实生活中，

① 刘建平，陈姣凤，林龙飞．论旅游开发与非物质文化遗产保护[J]．贵州民族研究，2007，(3)：65—69.

让人们通过生产、生活以及休闲旅游等方式去体验和感受，才能真正传承和延续文化遗产中所蕴涵的人文精神。以入选我国第一批非物质文化遗产项目的武强年画为例，武强定位于以“中国年画之乡”为特色的民俗型旅游城镇，不仅组织人力挖掘传统年画作品、创造新型年画题材，而且将年画元素融入旅游产品、交通标志、临街建筑等各个方面，形成浓郁的民俗旅游氛围。

对非物质文化遗产项目进行合理的旅游开发，将能促进非物质文化遗产保护和旅游发展的和谐共赢，既丰富旅游内涵，也推动非物质文化遗产的保护。但旅游开发对非物质文化遗产保护是一把“双刃剑”，如果不能进行合理有效开发的话，将有可能会任意曲解非物质文化遗产的内涵，导致非物质文化遗产的失真甚至消亡。以丽江大研古镇为例，丽江旅游的发展使大量的商户涌入大研古镇，在激烈的商业竞争中当地居民逐渐迁出古镇，将商铺或租或卖转让给了外地经销商，大研古镇正在逐渐丧失其原有的神韵，取而代之的是一般商业集镇的场景，这对大研古镇以及丽江旅游来说无疑都是极大的损失。

三、文化创意产业拓展非物质文化遗产旅游内涵

2006 年 12 月，北京市统计局、国家统计局北京调查总队联合制定发布《北京市文化创意产业分类标准》，将文化创意产业定义为“是以创作、创造、创新为根本手段，以文化内容和创意成果为核心价值，以知识产权实现或消费为交易特征，为社会公众提供文化体验的具有内在联系的行业集群”。北京市统计局划定的北京地区文化创意产业包括：文化艺术，新闻出版，广播电

影电视，软件、网络及计算机服务，广告会展，艺术品交易，设计服务，旅游休闲娱乐，其他辅助服务 9 大类。文化创意产业被称为 21 世纪全球最有前途的产业之一，全世界创意经济每天创造产值达 220 亿美元，并以 5% 的年增长速度递增[①]。

创意，即新思想、新观念、新设计，其与非物质文化遗产旅游相结合，更能拓展非物质文化遗产旅游的内涵，满足人们日益增长的精神文化需求。以昆曲为例，昆曲行腔优美，缠绵婉转，柔曼悠远，是中国乃至世界现存最古老的具有悠久传统的戏曲形态，有“中国戏曲之母”的雅称，是我国古典表演艺术的经典。但昆曲严格的程式化表演、缓慢的板腔体节奏、过于文雅的唱词、陈旧的故事情节，都使昆曲不能适应现代人快节奏的生活方式，正在逐渐丧失演出机会和演出市场。2001 年昆曲被联合国教科文组织评为“人类口述及非物质文化遗产”项目后，在国内外掀起了昆曲热潮，许多昆曲经典剧目如《牡丹亭》、《西厢记》、《桃花扇》等被重新搬上了舞台，吸引了很多昆曲爱好者。我国著名的旅游景区周庄还创造性地将昆曲与旅游相结合，打出了“游周庄古镇，赏昆曲艺术”的主题，使欣赏昆曲艺术表演成为游客到周庄旅游不可缺少的旅游项目之一，这不仅使游客能够了解昆曲知识，近距离地感受昆曲演出，推动昆曲艺术的传播，而且形成了周庄的特色旅游品牌，延长了游客在周庄的旅游时间，增加了旅游消费。

① 魏晓霞．文化创意产业开拓旅游新空间．中国旅游报，2005-5-15.

四、非物质文化遗产旅游走好文化创意产业之路

我国是世界四大文明古国之一，数千年文明的积淀博大精深，源远流长，不仅全面体现为我国物质文化遗产的丰富，而且更表现为我国非物质文化遗产内容的丰富多彩、形式的多种多样，每一民族、每一地域甚至是相距不远的人们之间的民俗、戏剧、音乐、手工技艺等就有可能不甚相同，对它们进行深入挖掘是保护非物质文化遗产的一项重要工作，而创造性地将其纳入旅游产业，对其进行合理的旅游开发，使更多的民众了解、认识非物质文化遗产，自觉加入到保护这些非物质文化遗产的行列，将更能促进我国非物质文化遗产的长久发展、世代流传。以北京为例，提起老北京，人们脑海中一定构筑的是胡同、四合院的场景；而提起新北京，人们想到更多的是时尚、动感、快节奏的特点，那么，如何将两者有机地融合起来构筑一个古老与崭新相交织的现代北京画面呢？对此，北京什刹海旅游文化创意产业园区给予了完美的解答。什刹海由西海、后海、前海三个湖泊组成，水域宽阔，水质清澈，驻足银锭桥，观西山秀色，景色优美；每当夜幕降临，湖岸边灯光摇曳，音乐声回荡萦绕，现代北京酒吧文化徐徐展现，动感的时尚生活令人心动；四周胡同交错，院落密布，徜徉在带有浓郁民风的胡同里，迈步于整洁古朴的四合院中，可以感受古朴的胡同和四合院文化，切身体会地道的老北京人的生活习俗；保存完好的名人故居隐于市井中，使人们深深体会到厚重的老北京历史文化对这些名人的孕育与培养。梅兰芳故居就位于什刹海周边的胡同护国寺

街9号。梅兰芳是我国著名的京剧表演艺术家，位居京剧四大名旦之首，他不仅弘扬了我国“国粹”京剧的表演艺术，而且将京剧艺术传播到国外。在梅兰芳故居，游客不仅可以了解大师传奇的一生，更可以体会到京剧艺术的美妙与深邃。在北京什刹海旅游文化创意产业园区，非物质文化与物质文化的完美结合，使游客全方位体会自然与文化、古朴与现代的完美交融，游客因此对北京的认识和体会是全方位、多角度的。

我国悠久的历史造就了丰富的非物质文化遗产，但相当一部分非物质文化遗产却面临着逐渐消亡和失传的境况。近些年随着国家对非物质文化遗产项目的重视和宣传，人们才开始系统认识非物质文化遗产项目，并对非物质文化遗产旅游产生兴趣。国家对非物质文化遗产提出了“保护为主，抢救第一，适度开发，传承发展”的十六字方针。对非物质文化遗产项目进行合理的旅游开发，将能促进非物质文化遗产保护和旅游发展的和谐共赢，既丰富旅游内涵，又推动非物质文化遗产的保护。

第三章
出境旅游流行热点

我国公民自费出境旅游包括三个部分，即出国旅游、边境旅游和港澳游。出国旅游是指我国公民自己支付费用，由国家旅游行政管理部门批准经营中国公民自费出国旅游业务的旅行社组织的，以旅游团方式、前往经国家批准的旅游目的地国家或地区的旅游活动。近年来，我国公民出国（境）旅游市场保持较好的发展局面，开放的旅游目的地不断增加。边境旅游是指经批准的旅行社组织和接待我国及毗邻国家的公民，集体从指定的边境口岸出入境，在双方政府商定的区域和期限内进行的旅游活动。港澳游是指经国家批准经营此项业务的旅行社，组织内地居民前往香港、澳门地区的旅游活动。

总之，我国公民出境旅游从无到有，从小到大，它的每一步发展都是在改革开放方针指引下我国经济快速发展的必然结果。

我国出境旅游市场有以下特点：第一，出境人次数持续增长，因私出境比例继续扩大。这种情况反映了随着我国经济的快速增长和人民收入水平的提高，居民出境旅游的能力在增大。第二，出境旅游目的地快速扩展，为公民出境旅游增加了新的选择。中国公民自费出境旅游目的地的选择已经非常宽泛，地域限制大大减少了。第三，亚太地区依然是中国出境旅游的主要目的地。中国出境旅游的目的地的选择虽然很多，但到周边近距离国家和地区的旅游者仍然占绝大多数，并多集中在开放比较早、距离比较近的亚太地区国家和直接接壤的国家和地区。第四，香港和澳门地区占内地出境旅游人流的最大份额。香港和澳门作为中国的两个特区，由于距离近，在语言和货币等方面的障碍小，尤其是中央政府在2003年放开了“港澳自由行”，因此内地到这两个地区的游客量最大，并一直保持着较高速度的增长。第五，旅游消费支出增长速度快,人均消费支出额大。中国公民的境外花费总体偏高。

我国出境旅游市场的发展趋势是：第一，我国同世界各国的政治、经济、文化交流日益密切，推动了我国出境旅游市场的迅猛发展。第二,一方面，随着经济的持续快速发展，人民收入水平不断提高。除目前先富裕起来的一部分人之外，将会有更多的人和家庭逐步具备出境旅游的经济条件。另一方面，随着公共假日的延长，特别是带薪假日的逐渐普及，出境旅游市场发育的客观条件将更为成熟。尤其是人民币币值大幅度上扬，国际范围内人民币流通的渠道逐渐增多，将刺激国民出游的增加。第三，奥运会的召开，促进了中国出境旅游市场的扩大。第四，国际社会对中国出境市场的关注日益升温。第五，“自由行”悄然崛起。一方面，国内的出境市场对自由行的需求与日俱增；另一方面，目的地国家也正在改变政策，可以预计，伴随出境旅游团队的增长，各种形式的“个人游”出境旅游活动将会应运而生，并不断扩大。

总之，中国出境旅游的需求将继续上升，而整个行业将面临着新的调整和规范。提高质量、弘扬诚信将是主调，传统目的地力推新产品，新目的地会加大宣传力度，为未来出境旅游的健康快速发展奠定良好的基础。据世界旅游组织预测，到 2020 年，中国将有 1 亿人次出境旅游，到那时，我国将成为世界第四大国际旅游客源国。出境游的需求不断增长也反映在旅游类流行语上,例如：2004 年度旅游类流行语包括“欧洲游”，2005 年度旅游类流行语包括“赴台旅游”、“香港迪斯尼”等。这些流行语反映了出境旅游新目的地和新产品。

第一节 欧洲游

随着居民生活水平的不断提高，出境游越来越成为人们假期放松身心的一种方式。欧洲出境游在整体的出境游市场中又占据重要的地位，目前，旅游市场中的欧洲出境游大部分产品已经趋于成熟。而产品的成熟一方面意味着已经被广大的消费者所接受，另一方面也意味着产品的吸引力处于停滞状态并且缺乏新意。很多体验过欧洲旅游产品的人群如果再次踏入欧洲出境游的团队就很难找到与以前的产品有差异的新型旅游线路。因此，欧洲出境游面临的最大问题就是产品差异性较小，新产品的更新速度较慢。大部分旅行社销售的产品相似程度很高，这样带来的直接后果就是价格上的恶性竞争，从而使得消费者成为最终受害者。解决这一问题最主要的方法就是不断推出新领域的产品，促进欧洲出境旅游产品的更新换代。

目前欧洲出境游市场的业态形式，除了常规线路，还包括一些精品游以及特色游，但是这两种形式的旅游都有它们自身的局限性。首先来说精品游，有些精品游线路受气候等因素影响不适合常年开发，例如：北欧线路成团时间主要集中在每年7月和8月，其他时候北欧的天气均属于较为寒冷的状态，不适宜旅游。其次是特色游，这一部分的旅游产品特点是针对某一主题来吸引某一特定群体的组团式旅游，目前旅行社对于这一部分产品的推广和销售一般是通过了解竞争对手哪一条线路卖得好而采取随时跟进的形式。如果可以成团就会带来丰厚的利润,反之就会损失机票和地接的预定成本,属于不确定的收入。这样看来三种形式的产品只有常规线路优势比较大，但目前已有的常规线路又存在诸多问题，所以适时地开发新的欧洲出境旅游线路势在必行。

一、欧洲游发展进程

2003 年 2 月 15 日，德国作为欧洲第一个向中国游客开放的国家，成为中国公民自费出境旅游目的地国。2003 年 10 月，欧盟与中国草签了《中欧旅游目的地国家谅解备忘录》。2004 年 2 月,欧盟和中国正式签署了《旅游目的地国地位谅解备忘录》以及《关于中国旅游团队赴欧共体旅游签证及相关事宜的谅解备忘录》。2004 年 7 月 22 日，中国公民组团赴欧洲旅游的实施细则出台。到 2004 年 9 月 1 日，除英国、爱尔兰和丹麦外，欧洲 29 个国家向中国游客敞开了大门。在此次集体开放的 29 个欧洲国家中既有申根协定国家，也有非申根协定国家。中国公民组团赴欧洲旅游实施细则规定前往申根协定 15 国中多个国家旅游，可以只申请一国签证，中方旅行社可以向主要旅游目的地国（旅游团停留时间最长的国家）驻华使馆申请签证；如果主要旅游目的地不确定或在各自目的地停留时间均等，组团社则向第一站目的地国驻华使馆申请签证。申根协定国驻华使馆将为中国旅游团签发个人申根协定国签证，标有“ADS”字样，有效期最长 30 天。有关部门受理签证的周期从 3 个至 10 个工作日不等。而申请其他 14 个国家签证，除取得瑞士签证可以进入列支敦士登外，其他国家均需分别签证。

虽然游客通过申根签证可以在申根协定国的任一国家游览，但欧洲各国对从该国发放的申根签证仍有一定限制，如有的国家规定赴欧洲第一站必须到该国；有的国家规定必须将该国定为欧洲旅游的主要目的地，或停留时间不能短于一定的时间限制等。

在国家旅游局、北京市旅游局和北京市旅行社行业协会的大力支持下，中国国际旅行社总社、中国旅行社总社、中青旅控股股份有限公司、中国康辉旅行社有限责任公司、港中旅国际旅行社有限公司、北京神州国际旅行社集团有限公司六家旅行社，联合中国国际航空公司,采取统一运作、统一协调、统一宣传的方式，共同推出北京—欧洲首发团，为欧洲游正式拉开序幕。首发团的出发时间定在2004年9月1日,全程搭乘中国国际航空公司班机，游览地为法国、瑞士和意大利三国,行程12天,价格为16 800元。首发团得到了法国、瑞士和意大利等国政府旅游管理部门和万事达卡国际金融机构的鼎力支持。对于旅游者而言，首发团的最大收获就是得到了贵宾的待遇并参加了各种具有纪念意义的庆祝活动。首发团高调启动欧洲游市场。

与此同时，中国几家大型旅行社也都组织了自家的独立首发团。中旅总社出境部在2004年9月1日推出欧洲7国14天精品游，报价为15 800元。神州国旅出境部在9月1日推出报价为19 800元的法国、意大利14日游。港中旅国际旅行社仅9月1日一天，就分5条线路组织近200人的首发团。康辉则打出“欧洲开放，父母先行”的口号，组织了欧洲游老年团。9月1日北京首都国际机场飞出由千名游客组成的至少10个赴欧首发团，而9月初上海的欧洲游首发团也不下20个。

二、欧洲各国对中国公民赴欧洲旅游越来越重视

2004 年末，德国向中国公民开放非团体出境旅游的德国自由行，说明中国公民在世界各国自由旅行已经开始。随着中国出境旅游人数和消费能力的快速增长，在世界版图上，中国已不再仅仅扮演一个旅游目的地的角色，而是以其强劲增长的消费能力引起各主要旅游目的地国家和地区的高度重视。欧洲许多国家和地区的旅游促销部门都把中国作为其工作的重点。

2004 年 9 月 1 日下午，中国游客赴欧首发团抵达巴黎戴高乐机场，法国旅游部长亲率旅游、边防、海关、机场官员到机场迎接中国游客，代表法国人民对来自中国的客人表示欢迎。一些法国官员估计在 10 年内，前往法国的中国游客人数将超过英国、美国和日本游客，因此，中国出境旅游市场引起法国的高度重视。

意大利主管对外贸易的工业部副部长认为，欧洲对中国游客的开放对意大利而言“是一次罕见的历史机遇”。荷兰旅游局移民发言人说，从 2004 年到 2008 年，荷兰希望看到每年到荷兰旅游的中国人数从 6 万增加到 50 万以上。欧洲铁路集团公司总经理皮库特以最快速度在北京设立了代表处，为中国游客提供欧洲众多国家的铁路通票。英国伦敦的喜来登饭店在 280 个房间里都增开了中文电视频道，甚至还准备了茉莉花茶[①]。

随着中国公民赴欧洲旅游的人数逐渐增多，欧洲各国对开发中国出境旅游市场的对策探讨也越来越多。北欧的芬兰每年

① 杜江，戴斌，等. 中国出境旅游发展年度报告. 北京：旅游教育出版社，2004：20—23.

在 9 月 27 日庆祝中国旅游日时，总是举办一次规模很大的国际旅游论坛。2005 年的这一天，芬兰在赫尔辛基举办的世界旅游日论坛的主题就是“中国现象”，来自芬兰贸易工业部、旅游局、芬兰航空公司、中国社会科学院和中国驻芬兰大使馆的嘉宾都不约而同地探讨中国旅游，尤其是中国出境旅游的发展前景。2006 年 11 月在英国举办的伦敦旅游交易会的头一天，交易会公司和英国的 CHINA-CONTACT 公司联合伦敦旅游局等单位，举办了为期一天的“中国——旅游的未来”主题论坛。英国和欧洲一些国家的政府旅游部门、业界、学术界与中国有关政府部门官员、学者、业界人士共同探讨中国旅游发展的现状、特点和趋势，审视欧洲国家针对中国出境旅游发展的战略和策略。会上，欧洲人士提出，如何很好地适应亚洲出境旅游的迅速发展，取决于欧洲国家如何快速有效地适应亚洲旅游者，尤其是中国和印度旅游者的特殊需求。总之，如果欧洲提供的服务仍然是墨守成规，毫无目的，那么就会是亚洲人将其高消费转向那些积极努力适应他们需求的目的地①。

2006、2007 年一些远距离市场在接待中国公民的数量上有很好的表现，尤其是欧洲的法国、德国、意大利及芬兰增长速度都比较快。

三、欧洲游的几种模式

纵观目前市场上欧洲游大致可以分成以下几种模式：

①第一类是全景游式的、时间较长的多国旅游线路，通常

① 张广瑞．中国旅游发展分析与预测．2007：81.

为8到14天的欧洲十国十四天、六国十二天、五国八天等线路，每个国家停留一两天，旅游团规模通常在50人左右。这种安排尽管行程较紧，难以深度体验，但作为初期的、大众式的产品，性价比好，非常适合想将欧洲一次一网打尽的游客，一些退休的老人和大部分首次赴欧旅游者通常会选择这类产品。

②第二类是时间较短的一到五国游，行程基本不超过一周，在目的地选择和旅游产品设计上趋于少而精。这类产品由于时间短，非常适合黄金周期间的出境旅游需求。

③第三类是主题性旅游。它的目的性强，针对性更加明显，比如婚庆、自驾车、摄影、修学和滑雪等。此类行程可长可短，目的地也随主题的不同而进行精心选择和编排，比如在德国推出的小镇之旅、童话之旅、古堡之旅和音乐之旅等。这种主题旅游讲究的就是产品设计的独特性，面向的是有特殊爱好的消费群体，它的附加价值相对较高，属于高端的旅游产品[①]。

④第四类是自由行旅游。目前欧洲一些国家如德国已向中国游客开放自由行项目，推出一种独特的个人旅游签证，这是真正意义上的欧洲自由行产品。由于自由行的旅游者一般具有逗留时间长、消费水平高、滞留不归概率小等特点，一些国家通过各种途径说明，可以给中国内地公民签发个人旅游签证。

⑤第五类是深度的短线产品。例如，英国一地9日、北欧游、西葡10日等，从产品的形式上来说比较丰富。这种线路对旅游目的地国家的安排更加细致、到位和深入，年轻人及非首次到欧洲旅游的人会比较喜爱这种行程，它能让游客细细地欣赏和品味一个国家的景致及其文化。

从这五种旅游模式或产品形态来看，第一种旅游模式对于首

① 崔薇．欧洲旅游继续热身．旅游，2004，（5）．

次到欧洲旅游的中国游客来说，多国组合的线路比较经济实惠，既丰富多彩，又能满足游客的炫耀感，因此这就决定了这种多国组合的旅游线路无论从供给角度还是从需求角度，都将是一个大众的方向。这里所说的“大众”是一种相对概念，因为欧洲游目前的价位使其相对国内旅游和周边国家的出境游消费而言，仍属一种高端消费，远没有达到真正大众消费的层次。对于目前的出境游客来说一般还是观光型客人占据主导地位，这也就使得类似于十国十四天以及六国十二天这样走马观花式的线路一直可以控制欧洲出境游的半壁江山。另外第二、三类旅游模式是在欧洲游产品比较普及后的形式，会成为二次或多次出游者的选择。到欧洲旅游产品真正成熟后，最具有价值的产品将会是第四、五种，因为它们具有较深的文化内涵，附加值较高。

四、欧洲游市场存在的主要问题

欧洲出境旅游产品作为出境游中较为高端的领域，一直受到收入较高人群的追捧。这也就使得欧洲出境游产生了一些相对成熟的旅游线路，凭借这些常规成熟的线路产品为欧洲出境市场也撑起了一片天空。但是随着市场的不断发展和消费者对于产品需求的不断更新，欧洲游市场也开始面临了一些新的问题。目前市场上欧洲出境游存在的问题主要包括以下几方面：

（一）旅游行程较紧，游客满意度不高

尽管第一种旅游模式是大多数初次赴欧洲旅游游客的首选，但由于行程紧张，游客普遍疲于奔命，走马观花，从而影响了

客人的满意度。在我们对游客的访谈中了解到影响游客欧洲旅游满意程度最大的因素分别是境外的酒店质量、境外餐饮的质量、线路的设计以及宣传与实际的差距。这四个方面中酒店、餐饮都属于接待设施，然而降低了接待的水准而使得价格下降来吸引消费者最终的结果就是游客对于旅游整体感觉不满意。

（二）有些欧洲国家服务质量有待提高

部分欧洲国家接待设施和人员不能满足中国游客需求，例如，缺乏中文标志和高水平的中文导游，导游多半没经过正规培训，很多是临时打工的，讲解较肤浅。很多中国游客认为欧洲游的小费偏高，不管导游水平如何，一律支付同样小费。还有一些接待中国游客的免税店退税金额不统一，退税手续复杂。

（三）行程大同小异，低价团在欧洲市场出现

目前欧洲旅游市场上主要经营者出售的常规线路基本上是大同小异。表 3–1 是对目前欧洲旅游市场上主要经营者出售的常规线路——欧洲六国十二天报价的一个统计资料。经过对这四家旅行社所张贴于网站上的行程内容进行比较可以看出其旅游线路主要的区别仅仅在于使用的航班不同和是否含有赠送项目上面，由于操作欧洲出境旅游需要每一家旅行社到航空公司去抢位子，所以最后同样的行程会出现航空公司不同，这是很正常的事情。旅行社的报价出现一些细微差别，主要是旅行社选择的航班是否需要转机造成的；而关于赠送项目这个问题，实际上旅行社早已将赠送项目的成本价格放到了报价中。另外，由于旅行社产品可共享的特性也导致了上述欧洲游线路不断地出现在所有旅行社的销售平台上，这样做的后果就是恶性竞争

的频繁，不断地杀低价来获得消费者的青睐，这样做最后的受害者还是客人自身。

一个旅游线路产品的价格从理论上来说应该是受到四个方面影响的，分别是旅游资源、旅游时间、旅游服务、旅游设施。针对目前旅行社的常规欧洲旅游产品的价格来说，影响最大的应该是在旅游设施方面。因为目前提供常规线路的旅行社不是通过对旅游线路的创新提高其竞争力，而主要通过各种办法降低自身的整体报价来获取市场的竞争力，而降低整体报价或者说是整体成本的方法就在于降低旅游接待设施档次，最终达到降价的目的。这种情况就使得旅行社更多关注的是同行业中竞争者的价格走向而忽略了提高自身产品本身的品质以及竞争力。

表 3-1 主要旅行社欧洲出境常规线路价格统计

旅行社名称	产品名称	参考价格
中青旅	六国十二天（奥德法瑞意梵）	12 680元/人
中信国旅	六国十二天（奥德法瑞意梵）	10 999元/人
恺撒国旅	六国十二天（奥德法瑞意梵）	10 788元/人
华远国旅	六国十二天（奥德法瑞意梵）	11 500元/人

注：表内数据来源于四家旅行社的官方网站。

更有甚者，有的欧洲旅游团队竟然出现每个导游的购物指标是400欧元，完不成指标，导游自己还要贴钱的游戏规则，还有老人和小孩团费加价的“行规”。有些地方的旅行社让当地留学生做兼职导游，抬高自费项目的价格，并带中国游客到一些有高回扣的商店购物，这些成为他们的主要收入来源。

（四）部分旅行社缺乏有经验的领队

与以往出境游以一国为主不同，欧洲游大多是多国组合游，各国风俗习惯、历史文化、旅游配套服务不同，语言环境较复杂，旅游途中经常频繁转机和换酒店。这就需要有经验丰富、外语流利的领队来协调处理旅游中出现的各种复杂问题，而目前欧洲游的优秀领队缺口较大。

（五）高额押金加大了游客的负担，妨碍了游客的正常出行

为防止游客在欧洲滞留不归并因此影响旅行社的利益，旅行社普遍采取了向游客收取高额押金的做法。另外，根据欧洲各申根协定国签证政策的不同，游客要获得赴欧签证还必须向大使馆出示数额不等的定期存款并且至少冻结 3 个月，以证明游客的资产状况，这些做法在一定程度上增加了游客的负担，妨碍了游客的正常出游。

五、欧洲出境市场开发建议

（一）引导游客转变旅游方式

旅行社应通过将欧洲游各档市场进行细分和对产品进行清晰定位，推出能满足不同层次游客的欧洲游产品。业内人士对于出境游消费者需求分为以下几个层次：最初游客喜欢参与观光旅游，之后是精品游，最后才是深度游。通过这种层次区分可以看出观光游在出境旅游中的地位，它是为更好地开展精品游和深度游而推出的一种基本旅游方式，即大部分游客首先参

加观光游。因此，在推出欧洲常规观光旅游线路的同时，有实力的旅行社应根据市场需求下大力气开发、推出深度旅游、主题游、精品游、专项游和自由行等特色突出的多种产品，使游客能看到和体验到一个充满魅力的欧洲。游客可以花多些钱选择高端线路，也可以花少些钱选择普通大众型线路。高端线路可以多考虑内涵，推出一些精品线路，使客人可以漫步细细欣赏，从行程和内容安排上引导游客放慢速度和放松心情，对欧洲作较为深度的旅游，让游客乘兴而来，满意而归。

（二）提高中国和欧洲各国旅游企业经营管理水平、服务水平和相互间合作水平

欧洲各国要加大培养当地优秀导游的力度，规范经营，提高服务质量，并定期与中国内地旅行社进行相互之间的积极沟通。

（三）中国政府要引导出境旅游市场的发展，规范出境旅行社的经营

旅行社本身要自律，要为游客提供质价相符的产品，构筑企业诚信，创建企业品牌，共同维护好欧洲游市场。政府和行业在培育市场中要注重规范欧洲旅游市场，并对违规旅行社加大处罚力度。同时引导出境旅游者改变以往只注意价格不注意体验的消费观念，鼓励他们根据自己的需求选择更加物有所值的产品，并促使旅行社多开发有特色的产品。关键是要质价相符，不能牺牲客人的利益，甚至欺诈客人。

（四）各旅行社要加强领队培训

各旅行社要加强对领队的专业培训，争取培训出更多的优秀欧洲领队，肩负起协调、监督、处理突发事件等责任，把基础打扎实，更好地满足游客的需求。

（五）加强政府之间的合作

中国和欧洲各国政府间要加强信任与合作，争取能简化中国游客赴欧洲旅游的各项手续，方便游客旅游。

（六）开发欧洲游新产品

面对目前欧洲旅游产品中西欧、北欧产品的老化问题，适时地开发新的欧洲出境常规旅游线路势在必行。旅行社可以多开发一些精品游以及特色游线路。另外，可以开发东欧旅游线路。东欧产品应该能够为欧洲出境游市场注入新的血液。东欧旅游是一个相对来说比较新的欧洲出境游产品领域，如果效仿目前欧洲游长线产品开发一些东欧长线旅游产品，使游客渐渐接受这一地区的游览，今后这一领域产品很可能占据欧洲出境游主导地位。

第二节　香港迪斯尼与港澳游

由于地理位置和历史的原因，作为旅游目的地的香港和澳门在中国内地居民心目中始终处于比较特殊的地位。从 2003 年 9 月开始，香港及澳门政府陆续向中国内地大中城市开放“个人游”，以方便中国内地居民前往港澳旅游，而内地游客很快就成为访港访澳的最大客源，尤其香港迪斯尼乐园 2005 年建成开放后，更成了香港游的主要场所，“香港迪斯尼”也成为 2005 年与旅游相关的流行语。

一、香港旅游

（一）香港的旅游资源

尽管香港地域狭小，总面积 1 103 平方公里，人口约 680 万，人口密度为每平方公里约 6 300 人，自然旅游资源有限，但香港由于长期受东西文化的交互影响，且为国际自由贸易港，形成了其独特的旅游资源，其旅游业的发展具有其他国家和地区无可比拟的优势。香港丰富的旅游资源为游客提供“食、宿、行、游、购、娱”全方位的旅游体验。

1. 香港的“游”

香港位于北纬 22° 09′以上、东经 113° 52′—东经 114° 30′之间，分为香港岛、九龙、新界和离岛四部分。香港位于珠江口东侧，背靠中国内地，面朝南海，为珠江内河与南海交通的咽喉，是南中国的门户，也是亚洲及世界的航道要冲。

香港属热带范围，受海洋的调节，年平均气温维持在 22℃左右，且温差很小。四季宜人的气候适宜热带、亚热带动植物的生长，使得香港终年草木茂盛、丘陵青翠，为此，香港政府建设了多处郊野公园及动植物保护区。香港绵长的海滩被开发成水清沙细的泳滩，成为人们放松身心、享受阳光、感受自然的休憩场所。

香港的现代化都市风光是吸引游客的主要景观。香港岛北岸的中环是香港的政治、金融、商业中心和交通枢纽，那里高楼林立，大厦之间多有走廊和天桥连接，行人穿行其中，很好地起到了人车分流的作用。香港维多利亚港南岸的中银大厦、中环广场、香港会议展览中心等和北岸的尖沙咀海边星光大道交相辉映，尤其是夜幕降临时，万家灯火，更显维多利亚港“幻彩咏香江”的魅力。观赏维多利亚港夜景可从太平山顶俯瞰，也可在尖沙咀海边远眺，更可搭乘海上观光船置身其中。

2. 香港的“购”

香港被誉为“购物天堂”，这主要得益于香港执行自由贸易的经济政策后，除烟草、酒类及其他少数几类物品外，一般进口货物都免税，加上不存在销售税及工商业增值税，使不少外国制造的货品的价格，在香港市场上甚至比其原产地还要低廉，而各地产品的输入又使香港名牌汇聚、品种齐全，成为国际时尚商品的展销场。

香港回归后，内地游客逐渐发展成为香港旅游及购物的生力军，内地的“黄金周”和春节也成为了内地游客前往香港旅游购物的黄金时段。为将暑假发展成为香港新的旅游购物的黄金时机，吸引更多的内地及国际游客到香港购物旅游，香港政府于 2002 年暑假开始推出一年一度的“香港购物节”，琳琅满目的商品、各式各样的购物场所以及热情周到的服务形成了香港购物节的主要吸引力，尤其是香港政府 2003 年 9 月开始陆续向内地大中城市开放“个人游”，更是为前去香港旅游购物的内地游客提供了便利。而香港旅游发展局推出的“优质旅游服务”活动，要求商户提供的商品明码标价、货真价实，这不仅提升了香港的旅游购物的质量，更彰显了香港“购物天堂”的独特魅力。

3. 香港的“娱”

海洋公园和香港迪斯尼是香港非常重要的文化娱乐场所。香港海洋公园位于香港南部香港仔海洋公园道，占地 87 万平方米，建成于 1977 年 1 月。公园内包括海洋天地、雀鸟天堂、山上机动城等 8 个景区。公园三面环海，其建筑分布于南朗山上和黄竹坑谷地，建有南朗山高地公园和黄竹坑低地公园两园，中间有 14 公里长的架空缆车连接。香港海洋公园以其占地面积大、娱乐设施齐全、自然环境优美而吸引着大量游客前去游玩。

香港迪斯尼乐园建成后，和海洋公园形成了一定程度的竞争，吸引了部分海洋公园的游客。香港迪斯尼乐园于 2005 年 9 月 12 日建成开放。香港迪斯尼位于大屿山，总占地面积 126 公顷，以“欢乐”和“梦幻”为主题，园内建有美国小镇、幻想世界、探险世界等 11 个景区。游客走进迪斯尼乐园，将展开童话式的奇妙之旅。香港迪斯尼乐园是世界上第五个迪斯尼乐园，也是五个迪斯尼乐园中占地面积最少、娱乐项目最少的乐园。

此外，香港还有赛马场等其他娱乐场所。

4. 香港的“食”

游客开始香港旅行之前可以精心规划精彩的美食旅程，因为中西饮食文化的交融使香港具有“美食之都”的称号。香港既有装修精良、环境幽雅的高档酒楼、餐厅，也有充满地方特色、适合于大众消费的茶餐厅、大排档，可供游客多样选择。香港不仅汇聚了中国的南北美食，北京的烤鸭、川湘的麻辣、淮扬的甜淡、广东的煲汤应有尽有，而且香港还有亚洲百味、西式佳肴，辛辣的泰餐、咖喱烹调的印度餐以及法国、墨西哥等欧美国家西点各有风味。为极力推广香港的特色美食，香港旅游发展局还特别举办一年一度的“美食之最大赏”，选出香港的经典地道美食和极具代表性的菜式。

5. 香港的“宿”

香港的旅游住宿业十分发达，豪华的高档酒店比比皆是，舒适的平价旅馆也数不胜数。在香港游客都可选择到满意的下榻之处。

在香港住宿，酒店与商场、餐馆的距离不是很重要，因为香港的交通十分便利。但酒店的价格、规模以及服务等因素则需要考虑，与其他物价相比，香港酒店的收费相对较高，且所有价目另收 10% 的服务费和 3% 的政府税。

6. 香港的“行”

香港目前已是国际航空枢纽，它是亚太地区的中心、中国的门户，目前也是海峡两岸往来的中转站①。香港航空业的发展，为访港游客提供了极大的便利，2005—2007 年三年搭乘飞机抵港的游客都占全部抵港游客的 1/3 强。除此之外，进出香港的海陆交通也很发达。内地北京、上海、广州、深圳等地通往香港九龙的列车十分便捷，且每天有旅游车来往于香港和广东各主要城市，并有香港和澳门及内地多个城市之间的来往渡轮。

尽管人们经常用“弹丸之地”形容香港，但香港城区却很少出现大面积堵车现象，这一方面得益于香港交通管理严格，更主要得益于香港发达的公共交通系统。香港的公共交通服务种类繁多，别具特色，市民可按快捷、舒适及方便程度，选择各自心仪的出行交通工具。每天，列车（含地铁）、有轨电车、巴士（公共汽车）、小巴（小公共汽车）、的士（出租汽车）和渡

① 庄敬．2005—2007 年香港民航业与旅游业的发展与展望．2007 年：中国旅游发展分析与预测 [M]．北京：社会科学文献出版社，2007．

轮等公共交通工具井然有序地穿梭于城区和景点，成为人们出行的首选，市民和游客借助它们都能非常便捷地抵达目的地。

值得一提的是香港最早运作的机动公共运输工具是山顶缆车，它也是全世界最早的缆车。缆车来往于中环花园道和太平山顶，路轨依山势而建，缓缓攀上 373 米高的陡斜山坡，车程约 8 分钟，路轨全长 1.4 公里。山顶缆车把交通和观光合而为一，旅客沿途能观赏维多利亚港两岸的景色，感受“东方之珠”的魅力。

（二）香港旅游业的特点

香港旅游业已经发展成为香港经济的主要支柱产业，每年吸引了大量游客访港。如图 3-1 所示，2001 年以来，除 2003 年受“非典”的影响，访港人数较上年减少 6.21% 以外，其他年份每年访港人数都较上年有较大幅度的增长。

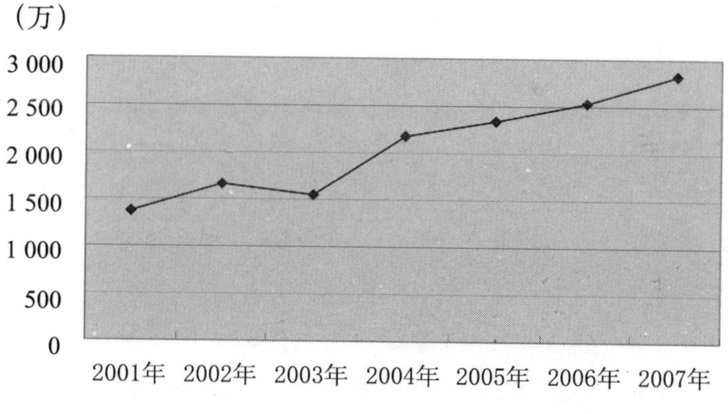

图 3-1 2001 年以来访港游客数变化

香港旅游业的发展及访港人数的增加很大程度上源于内地

游客的大幅度增长，而这主要归因于香港“个人游”政策向内地省市的逐渐推广实施。

1. 内地游客成为香港最大的客源，占访港游客的半壁江山

1997年香港回归时，内地游客只占访港游客的21%，经过10年的发展，内地游客访港人数已增长475%，占访港游客的半壁江山，尤其是近些年随着香港旅游业的发展和内地访港政策的放松，内地游客已成为香港最大的旅游客源。以近三年的访港游客数为例，见表3–2。

表3-2 近三年访港游客数①

年　份	2005	2006	2007
访港游客数（万人次）	2 335.9	2 525	2 817
内地访港游客数（万人次）	1 254.1	1 433	1 549
内地游客占全部访港游客的百分比（%）	53.69	56.75	54.99

从表3–2中数据可以看到，近三年内地游客均占全部访港游客总数的50%以上，且内地访港游客数年均增长幅度达到10%左右，2006年内地访港游客数比2005年增长14.27%，2007年比2006年增长8.09%。访港游客的稳步增长，使内地成为香港旅游最大的客源地。香港旅游业成为最直接的收益产业，这主要在于内地经济的持续稳定增长使得人民生活水平不断提高，内地旅游和出境旅游已经成为内地居民消费中不可或缺的组成部分；也得益于香港旅游业的发展、人民币汇率的坚挺和香港“个人游”政策的逐步放开等因素。

① 根据新华网（www.xinhua.com.cn）数据资料整理得到。

2. 香港“个人游”政策对香港客源的影响

香港回归以来，香港与内地的交往越来越频繁，尤其是2003年7月起，香港陆续向内地大中城市开放内地居民个人赴港旅游（简称“个人游”），使得内地赴港游客的数量急剧增加。2003年香港仅向北京、上海、广东省等内地少数省市开放“个人游”，当年内地赴港“个人游”游客仅占内地游客的7.88%；2007年香港已经向内地49个大中城市开放“个人游”，“个人游”游客达到近800万，占内地游客的51.65%。“个人游”游客的急剧增长是导致内地游客增加的主要因素。

表3-3 香港近年来内地游客构成比例分析①

年份	2003	2004	2005	2006	2007
内地游客（万人次）	846	1 225	1 254	1 433	1 549
“个人游”游客（万人次）	66.7	426	555	660	800
其他游客（万人次）	779.3	799	699	773	749
“个人游”游客所占比例（%）	7.88	34.78	44.26	46.06	51.65

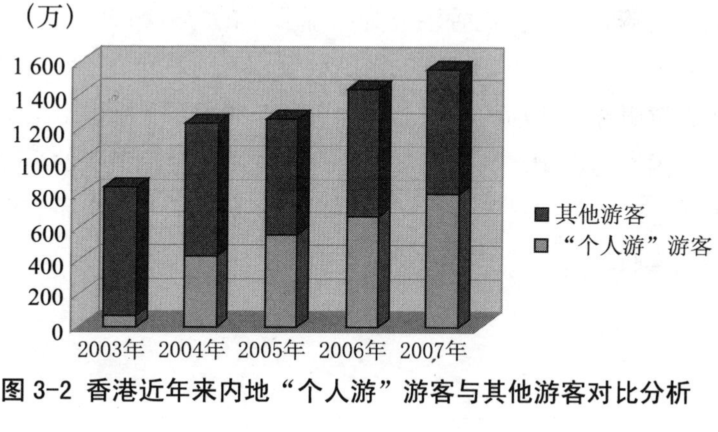

图3-2 香港近年来内地“个人游”游客与其他游客对比分析

① 根据新华网（www.xinhua.com.cn）数据资料整理得到。

3. 内地“黄金周”成为香港的“消费周”

在内地人们每年有三个黄金周可以集中休假，分别是春节、“五一”和“十一”（从2008年起调整为春节、“十一”两个黄金周和带薪休假）。黄金周期间也是亲朋结伴出游的绝佳时机，在此期间的赴港游客数大幅度上升。以2007年为例，仅“五一”黄金周期间（4月28日至5月7日10天内）赴港旅游的游客数达到54万人次，比去年同期上升30%，占全年赴港人数的3.5%，其中“个人游”游客35.4万人次，同比上升55.8%，占全年“个人游”人数的4.4%。每到黄金周期间，香港的各大商场、店铺就挤满了内地游客，很多商户都在黄金周期间重点针对内地游客采取各种营销手段，吸引内地游客前去消费。

4. 消费模式以购物为主

香港实行自由贸易的经济政策，除少数几类商品外，一般进口商品都实行免税，商品价格较世界主要城市低，物美价廉的商品、优良的购物环境、热情周到的服务态度以及香港政府为保证商户所售商品质量所做的不懈努力等，为游客创造了理想的购物条件，使香港成为国际公认的“购物天堂”。尤其2003年以来，受香港“个人游”政策、人民币升值、香港“优质旅游服务”活动的开展、内地银联卡准予在香港刷卡消费等各项因素的影响，购物消费已经占访港游客全部消费的半数以上[①]，其中尤以服装、首饰、钟表、化妆品、电子产品等商品最受欢迎。

① 石美玉，王颖．“香港购物节”成功经验探析．2007年：中国旅游发展分析与预测．北京：社会科学文献出版社，2007：339—352．

（三）香港迪斯尼游乐园的客观分析

近两年来人们前往香港旅游的一个重要娱乐项目是到香港迪斯尼乐园游玩。香港迪斯尼乐园于2005年9月12日建成开放。迪斯尼是一个具有典型的美国特色的文化产品，迪斯尼的很多动画片人物（如唐老鸭、米老鼠、白雪公主等）的形象都已经深入人心。1955年，美国动画电影商华特·伊莱亚斯·迪斯尼把迪斯尼动画片中所运用的色彩、刺激、魔幻等表现手法与游乐园的功能相结合，开创了世界上第一个现代意义上的主题公园——洛杉矶迪斯尼乐园并轰动了世界，被认为是“世界上最快乐的地方”。1971年迪斯尼又于佛罗里达州的奥兰多市辟建全世界最大的主题公园——迪斯尼世界，开始应用激光、电子高科技来创造效果，获得了巨大成功，并且作为世界上主题公园成功开发和经营的典型案例，一直为世人所称道。此后，随着大众旅游在世界范围内的蓬勃兴起，美国迪斯尼公司开始将其新项目的开发移向海外，日本东京和法国巴黎的迪斯尼乐园相继建成开业，香港迪斯尼乐园是世界上第五个迪斯尼乐园。

迪斯尼乐园作为一种文化产品，获得了一定的成功。迪斯尼乐园作为具有美国文化特色的主题公园，其经营的成功之处主要在于：

1. 以儿童为主要消费群体，以欢乐为乐园主题

现在的少年儿童大都对迪斯尼文化并不陌生，他们是听着迪斯尼的童话故事、看着迪斯尼的动画片长大的，对迪斯尼的卡通人物耳熟能详。而且孩子们具有天真快乐的天性，迪斯尼乐园正是抓住这一特点，用美丽的童话、温柔的色彩、变幻的场景、多彩的表现手法以及周到的服务等来满足小朋友的好奇心、吸引小朋友的眼球，也将乐园中的家长和青少年带入了美好的童真时代。

2.“以人为本”的服务理念

迪斯尼乐园中的服务设施、工作人员的服务态度等处处体现“以人为本”的服务理念。在乐园中人们都争先恐后地与各种卡通人物合影留念，无论天气多么燥热，扮演卡通人物的员工总是不厌其烦，热情地满足游客的要求。而且乐园还考虑周到地在卡通人物周围安排有专门为游客照相的人员，这些人员熟悉各种照相机的操作性能，使游客感受到贴心的服务。

3. 门票、餐饮、商品销售、酒店住宿等构成迪斯尼收入的主要来源

香港迪斯尼乐园实行的是通票制，淡旺季差别票价，平时票价为295港元，而节假日及周末票价为360港元，门票收入构成其收入来源之一。迪斯尼乐园销售的具有知识产权的旅游纪念品品种繁多，琳琅满目，而且设计新颖，不仅强烈吸引孩子们的兴趣，也能激发成年人的消费欲望。此外，乐园还为游客提供餐饮服务和酒店住宿服务。

香港迪斯尼的开业，吸引了大量的内地游客，2007年内地游客占迪斯尼游客的39%，高于香港本地游客（比例为31%）和外国游客（比例为30%）[①]。但开业后，香港迪斯尼经营并不理想，2006年未能完成首年游客560万人次的目标，距目标差40万人次，第二年游客数量还不及上年。连年亏损拖累了迪斯尼总公司的经营业绩。目前，华特·迪斯尼公司正在积极采取措施遏制香港迪斯尼乐园的不景气局面，如增加对乐园的投资，同意豁免香港迪斯尼乐园两年的管理费用，并推迟收取期

① （2007−12−23）. http://www.sina.com.cn.

间的特许权费用等[①]。

香港迪斯尼经营不景气主要有以下一些原因：

1. 乐园导游语言与内地游客沟通有障碍

香港迪斯尼接受法国迪斯尼经营之初的经验教训，一开始时就注重香港游客的语言习惯，采用英语和粤语两种语言进行服务，乐园中的很多表演都是采用这两种语言，工作人员也都能提供流利的两种语言服务，而能提供普通话服务的工作人员不多，内地游客和工作人员之间经常只能通过连比带划猜测理解双方的意思，对于年龄稍大的内地游客困难就更大。但香港迪斯尼游客中占主导地位的是内地游客，除广东游客精通粤语外，其他省市游客并不会粤语，粤语对于这些游客无异于外语，他们感觉非常不好，表演看得一知半解，游乐项目只能模仿他人完成，甚至购物也很不顺畅，从而产生不便的感觉。

2. 内地游客在迪斯尼乐园酒店住宿少

对相当一部分内地游客来说，迪斯尼乐园的餐饮、住宿价格不低，尤其对于团队游客来说他们在乐园内逗留时间较短，这部分消费就更少。而且香港面积不大，迪斯尼与市内交通便利，酒店住宿费用相对较高，所以绝大部分游客都不会选择在迪斯尼乐园酒店住宿。

3. “拒客风波”严重损害了游客利益

2006 年春节期间香港迪斯尼持续爆满，上千名持有合法门票的游客被拒之门外，引起轰动一时的“拒客风波”。基于保障园内服务质量和游客权益的目的，香港迪斯尼将游客人数最高限定为 3 万人，如果园内人数超过上限，当天则不再接待游客。但“拒客风波”却严重损害了游客利益。这一事件反映了香港

---

① （2007-11-23）. http://www.4490.net.

迪斯尼并没有完全了解中国文化，对国内“黄金周”、寒暑假休假制度及居民旅游消费习惯研究不透彻。

4. 规模过小是香港迪斯尼的“硬伤”

这一点也成为阻碍部分游客的关键因素之一。这部分游客愿意追求大而全的消费体验，希望游玩后有一种非常尽兴的感觉，香港迪斯尼规模小，移步易景，娱乐项目和设施也少，不能激起这部分游客的游玩兴趣。

迪斯尼乐园是世界顶级品牌，在休闲旅游项目中的美誉度很高。尽管香港迪斯尼乐园现在正处于痛苦的磨合期，但迪斯尼人相信“只要还有创意的空间，迪斯尼乐园就永远不会完工”，香港迪斯尼的未来也将在创意的引导下长远发展[①]。

二、澳门旅游

澳门独特的历史发展进程，为其孕育了丰富而独特的文化资源，这也成为澳门大力发展旅游所具有的得天独厚的优势。1999 年澳门回归后，尤其是 2000 年澳门博彩权的开放和 2003 年“个人游”政策的推广实施后，前往澳门旅游的内地游客逐年增加，澳门政府也尽力抓住这一有利时机，从多方面着手打造澳门旅游新形象，以增强澳门旅游竞争实力。

（一）澳门目前主要的文化旅游资源

虽然澳门面积不大，仅有 23.8 平方公里，人口 40 多万，

① 郑泽敏．香港迪斯尼：榜样的得与失．粤港澳市场与价格 [J]，2006，(11)：20—23．

但由于历史的原因，这里汇聚了来自亚洲、欧洲、非洲、美洲和大洋洲五大洲的几十个不同国家的族群，形成了澳门多元的语言、宗教、建筑、饮食、节庆文化，构成了澳门丰富的文化旅游资源。对于到澳门短暂旅游的多数内地游客来说，澳门丰富多彩的文化旅游资源中最吸引他们的是澳门的博物馆和博彩旅游。

1. 澳门的博物馆旅游

400 多年东西文化的交融，使澳门城区本身就成为一个展示澳门丰富的历史文化的博物馆，2005 年 7 月“澳门历史城区”被批准为世界文化遗产。目前澳门城区有大小博物馆 20 多座，是世界上博物馆密度最大的城市之一[①]，这些博物馆以多样的形式和内容分别展示澳门不同时期的文化、艺术、宗教、科学与社会变迁等，展现出澳门丰富多彩的文化，尽显澳门作为历史文化名城的地位[②]。

自从 16 世纪葡萄牙人入住以来，澳门汇聚了来自五大洲不同国籍、不同语言、不同种族、不同信仰的人群，他们在澳门形成了丰富多彩的饮食文化、节庆文化、宗教文化、文学艺术和建筑文化等。据统计，2007 年第三季度 39% 的内地游客属于不过夜游客，其余 61% 的内地游客在澳停留的平均天数只有 1.2 天[③]。作为在澳门短暂停留的游客，要想全面了解澳门这些丰富的文化，参观澳门博物馆是非常便捷的一种渠道。如澳门的牌坊博物馆，前面是澳门的标志性建筑大三巴牌坊，大三

---

① 丁华. 论澳门博彩旅游的未来发展. 特区经济，2006，(11)：58—60.
② 方百寿，等. 作为旅游资源的澳门博物馆开发. 热带地理，2002，(2)：231—235.
③ 陈嘉贤. 剖析内地游客在澳门只作短暂停留的原因与对策. 旅游学刊，2008，(8)：24—30.

巴牌坊无论是名称的由来还是建筑细部都堪称中西合璧的典范，其圣母像两侧是代表中国与日本的牡丹与菊花，三、四层两侧雕刻有中国民间的石狮像，教堂平台立旗杆的杆夹沿用了中国庙宇建筑的典型方式①。后面是天主教教堂遗址，有学者进行深入考察，翻阅了文艺复兴时期的有关资料，证明“在那个时代的巴洛克建筑上，刻有中文字样的只有澳门的圣保禄教堂”。这个被公认为属于西方建筑的教堂遗迹，在建筑雕刻等方面也融合了中国的传统文化②。

2. 澳门的博彩旅游

不可否认，博彩旅游是澳门吸引大量游客的主要动力之一。所谓博彩，按官方的解释，是由机会率或者或然率所支配或受其影响并有一定风险的任何押注、抽彩行为③。据澳门政府博彩合约监察署 1985 年 12 月出版的报告数据表明，过去 90% 的游客去澳门是为了博彩，现在的观光游客中也有半数以上是想一睹赌城风采，并作为娱乐小额尝试④。

澳门博彩旅游的发展是与澳门社会经济的发展息息相关的。19 世纪中期，英国政府极力将香港打造成贸易港口，取代了澳门以往的地位，造成了澳门的经济衰退。为刺激澳门经济的发展，葡澳政府不得已于 1847 年宣布赌博合法化。赌博业的大力发展，为葡澳政府带来了滚滚税源。1961 年葡澳政府颁布法令，准许赌博为澳门的特殊娱乐项目。1982 年 5 月葡澳政府将“赌博娱

① 方百寿，等．作为旅游资源的澳门博物馆开发．热带地理，2002（2）：231—235．

② 孙九霞．澳门文化资源的旅游价值及开发．思想战线，2002，（5）：51—55．

③ 袁继成．澳门博彩业的发展及其回归后的经济定位．湖北省社会主义学院学报，1999，（4）：8—213．

④ 丁华．论澳门博彩旅游的未来发展．特区经济，2006，（11）：58—60．

乐”改为“博彩娱乐”，宣布澳门为“恒久性博彩区域”。作为亚洲立宪博彩合法的最早地区，澳门的博彩吸引了大量的游客，也使博彩成为澳门的经济支柱，博彩税收入成为澳门政府收入的主要来源，博彩旅游及其相关行业吸纳的就业人口占澳门就业人口的1/4①。

以往的赌博区大都是乌烟瘴气、藏污纳垢的区域，现代博彩区环境已经大有改观。现代博彩区都尽可能做到空间布局宽敞舒适、装修精美豪华、装饰格调高雅、气氛轻松和谐。博彩区优美舒适的环境，使游客在体验博彩带来的紧张刺激的同时，享受着健康闲适的氛围。此外，博彩公司不仅有博彩区（赌场），还有客房、商场、餐厅、酒吧、表演场等休闲区域，使游客不仅可以享受博彩娱乐，也可以进行购、娱、食、宿等休闲体验。

现代博彩公司在博彩项目上不断进行创新，既保留了中国传统的博彩项目，如百家乐、二十一点、摇骰子、轮盘赌、番摊、鱼虾蟹、三公、幸运轮、大小点等，还有各种美式赌法，如加勒比海扑克；既有比较复杂、满足大赌客、高级别赌客需要的博彩项目，也有非常简单、适合普通大众娱乐的一般项目，如角子机；在赌注方式上，既有赌注非常高的豪赌，每注在2万元以上，也有赌额很小的大众博彩娱乐项目，每次只需0.2元；在博彩的手段上，既可亲临现场下赌，也可在网络上下赌②。

（二）澳门旅游的发展

1999年澳门的回归和2003年“个人游”政策的实施，使

① 孙九霞．澳门文化资源的旅游价值及开发．思想战线，2002，（5）：51—55．

② 郑向敏，王涛．论澳门博彩业的娱乐休闲发展趋势．北京第二外国语学院学报（旅游版），2007，（11）：38—42．

内地游客迅速增加，每年访澳游客中有半数以上来自于内地。2005 年澳门入境游客 1 871.12 万人次，其中内地游客达到 1 046.30 万人次，占 55.9%，“个人游”游客 533.14 万人次，占内地游客的 51.0%；2006 年澳门入境游客近 2 200 万人次，其中内地游客约 1 200 万人次，约占内地游客的 55%，有约一半以上游客以“个人游”形式访澳；2007 年访澳游客 2 700 万人次，内地游客近 1 500 万人次，约占 55.92%，其中 44% 为“个人游”游客①。近年来，尤其是 2003 年“个人游”政策实施以后，不仅内地成为澳门的主要客源地，而且内地游客在澳门的人均消费也较高，据 2007 年第三季度的官方统计，总体访澳游客（包括来自内地及其他地区的）人均消费额为 1 584 澳门元，而内地游客的人均消费一直保持较高水平，2007 年达到了 2 776 澳门元，其中在澳过夜的内地游客的消费额为 3 961 澳门元，不过夜内地游客的消费额为 892 澳门元。同时，高达 39% 的内地游客属于不过夜游客，其余 61% 的内地游客虽然属于过夜游客，但在澳停留的平均天数为 1.2 天②。大部分内地游客访澳不止一次，其访澳目的主要是观光和娱乐，尤其是博彩。

尽管内地访澳游客在入境人数、平均停留天数、过夜人数等方面都高于其他国家或地区的游客，且内地游客的人均消费也高于访澳游客的平均水平，但澳门缺乏真正意义上的度假旅游者③。为吸引更多的游客访澳、延长游客的逗留时间、增加游客的旅游消费，澳门需要扎根悠久的历史文化，塑造澳门的

---

① 根据中新网相关数据资料整理得到。

② 陈嘉贤．剖析内地游客在澳门只作短暂停留的原因与对策．旅游学刊，2008，(8)：24—30．

③ 丁华，戴宏．澳门主要旅游客源市场分析．长安大学学报（社会科学版），2007，(6)：41—45．

文化旅游形象。

澳门独特的地理位置，使得早在16世纪远洋航行的帆船时代澳门就已经发展成为中国和远东重要的口岸，亚洲的印度人、日本人、菲律宾人、泰国人、马来西亚人等，欧洲的英国人、德国人、法国人、西班牙人、意大利人等，美洲的巴西人、加拿大人、美国人、秘鲁人等，非洲的埃及人、毛里求斯人、南非人、马达加斯加人，大洋洲的澳大利亚人等五大洲的二十多个族群以及广府人、客家人、香港人、疍民、福建人、上海人等华人族群在澳门汇集，形成了澳门独特的建筑文化、宗教文化、节日文化、饮食文化和语言文化等。

在澳门街头随处可见具有欧洲风格的建筑，如建于19世纪中叶的澳督府，白色的窗棂映衬着粉红色的外墙。还有1784年建成的市政厅，三角形的窗檐、花岗石窗框、粗铁窗花、爱奥尼式的门柱，都洋溢着古朴的南欧建筑风格。而澳门地标建筑物大三巴（即天主教圣保禄教堂遗址），是糅合了欧洲天主教艺术风格与东方建筑的风格而成的艺术精品，雕刻精细，巍峨壮观，体现出东西方艺术的交融。此外，澳门还有很多具有浓郁中国特色的建筑，如具有500年历史的妈阁庙风光宜人、辉煌焕彩，庄严宏伟的普济禅院雕梁画栋、回栏玉砌，凼仔的菩提园、路环的谭公庙也都是颇具特色的中国古建筑，还有中国式园林建筑如卢九花园、张园等①。东西方建筑的和谐辉映，共同造就了澳门今天特别的城市风貌。

在宗教信仰方面，澳门居民宗教信仰自由，天主教、基督教、佛教、道教、民间信仰，多教共存。天主教在澳门的历史久远，

① 孙九霞．澳门文化资源的旅游价值及开发．思想战线，2002,（5）：51—55．

影响深刻。基督教是1807年由英国伦敦会马礼逊教士传入澳门的，澳门现有基督教教会30多所，教徒约5 000人。另外，澳门还有巴哈伊教、伊斯兰教等宗教，属于中国文化系统的宗教主要有道教、佛教、妈祖信仰、观音信仰等。在澳门，不同宗教不但不互相抵触，还出现儒、释、道三教合一、多教共存的文化特征。不仅各教的诸神如天后娘娘、观音菩萨、金花夫人、佛祖、关帝、地藏菩萨可同在一殿被供奉，而且许多澳门人同时信仰多个教派的神祇①。

澳门族群多样，各族群不仅庆祝各自的节日，也庆祝其他族群的节日，使得澳门的节日文化缤纷绚丽、节庆活动形式多样。

在饮食文化方面，澳门不仅有传统的粤菜、川菜等中国菜，还有地道的葡菜、印度菜、马来西亚菜、泰国菜以及源自多元烹饪材料和烹饪手艺的澳门菜等。在语言文化方面，澳门官方语言为汉语与葡萄牙语，澳门居民日常语言主要有粤语、闽南话、普通话、葡萄牙语、英语等，对不同的语言习惯，澳门人互相尊重与体谅，选择最简单的办法相互交流。

香港文化以岭南文化中的广府文化为底蕴，受英美文化的熏陶，形成以大众文化（流行、通俗、普及文化）为主流、以现代都市文化为氛围的多元混合文化；而澳门文化是中国传统文化与拉丁文化相结合的典范，以历史传承为主，多元文化和平共处、并驾齐驱。随着港澳“个人游”政策的实施，内地已经成为港澳最大的客源地，为进一步吸引更多的内地游客，港澳政府正在依靠区域文化特色，进行旅游协作，共同拓展客源市场，打造具有国际竞争力的国际化旅游区。

---

① 孙九霞．澳门文化资源的旅游价值及开发．思想战线，2002，(5)：51—55．

第三节　赴台旅游

一、台湾旅游资源

台湾位于我国东南海域，东临太平洋，西隔台湾海峡两岸与福建相望，南靠巴士海峡与菲律宾群岛接壤，北向东海。全岛总面积为 35 989.76 平方公里，是我国最大的岛屿，其中包括台湾本岛、澎湖列岛、钓鱼岛、赤尾屿、兰屿、火烧岛和其他附属岛屿共 88 个，为中国的“多岛之省”。台湾本岛南北长而东西狭，南北最长达 394 公里，东西最宽为 144 公里，呈纺锤形。全省共辖 7 市、16 县。

台湾自古以来就是我国的神圣领土，在中国古代文献里，被称为“蓬莱”、“岱舆”、“员峤”、“瀛洲”、“岛夷”、“夷洲”、“琉求”等。从三国时代开始，便逐渐开拓、经营台湾，魏晋南北朝称夷洲。宋属福建路，元、明设巡检司。清置台湾府，属福建省，到 1887 年 (清光绪十三年) 正式建立行省。1895 年被日侵占，1945 年归还。

台湾地貌复杂，处于太平洋火山地震带上，又有喀斯特地貌与海蚀地貌，故多山水胜境、火山群与温泉群。西海岸沙滩平缓，多海水浴场；而东海岸断崖陡峭，多奇石怪岩。台湾森林茂密，动植物资源丰富，更有“蝴蝶王国”之称。

台湾清代即有“八景十二胜”之说，包括：阿里山云海、双潭秋月、玉山积云、清水断崖、澎湖渔火、大屯春色、鲁谷幽峡、安平夕照和草山、新店、大溪、五指山、八卦山、虎头埤、狮头山、太平山、角板山、大里简、旗山及雾社。文物资源丰富，或与反抗荷兰、日本侵略者有关，或为台湾与大陆关系的历史见证，如赤嵌楼、安平古堡、明延平郡王祠、指南宫凌霄宝殿、云林北港妈祖庙、台北与台南孔庙等。高山族人口达30余万，又分为阿美、泰雅、排湾、赛夏、布农、曹、鲁凯、卑南、雅美9个族群。雅美族的甩发舞与雕船本领、阿美族的对位唱法与多姿的舞蹈、排湾族的刺绣与雕刻、布农族的“打耳祭”与“成年祭”大典、赛夏族的“矮灵祭”与佩铃叮咚的舞蹈、泰雅族的绣衣与播种节、卑南族的“刹猴祭”与“狩猎祭”等，是那样的富有魅力。为发展旅游业，台湾当局采取了一些措施，如在桃园县兴建“小人国”，更丰富了旅游资源。

台湾风味肴馔类似闽、粤，但加以变化而有台湾特色：作料常用沙茶、咖喱、花生酱等，甜味更重，多用清汤炖煮。风味小吃品种极多，台北新店碧溪潭香鱼，基隆豆签羹、“甜不辣”，桃园石门沙锅鱼头，台中菜根香原汁牛肉，新竹“贡丸”，嘉义“四臣汤”和香菇鱼翅羹，台南“棺材板”（油炸包馅面食），高雄六合夜市贝类海鲜及“山河肉”（大山鼠肉）等，都使人垂涎欲滴。

在台湾地方文艺方面，闽语区有褒歌、采茶歌，粤语区有客家山歌，都较通俗。而南管则较雅。剧戏多承闽、粤，有梨园戏、高甲戏、粤戏、皮影戏等。高山族文艺绚丽多姿。

宗教信仰的盛行，是台湾民俗的一大特色。台湾的寺庙多、信徒多。他们所崇拜的神灵则儒、道、释一应俱全。其中香火最旺的为妈祖。当游客来到台湾时，如同进入一个古老的中国，有看不完的寺庙，过不完的节。

台湾旅游资源得天独厚，阿里山、日月潭等极具吸引力，还有比较丰富的人文景观。此外，台湾的饭店、餐饮、交通、零售等与旅游相关的产业也比较发达，这些都是十分吸引大陆游客的资源优势。

二、大陆居民赴台旅游成行

大陆居民赴台旅游的愿望终于在 2008 年实现了。

2008 年 7 月 4 日，北京和大陆其他地区的包机搭载 760 名大陆首批游客飞往海峡彼岸——风光秀丽的台湾。其中，353 人从北京口岸出发，从上海、南京、厦门、广州口岸出发的分团各有 100 人。由北京航点出发的首个两岸周末包机航班——国航 CA185 班机 8 时 40 分钟起飞，13 时抵达台北。

令人鼓舞的大陆居民赴台旅游终于在 2008 年 7 月 4 日成行。这是两岸旅游双向开放的大势所趋。由于海峡两岸中国百姓的骨肉亲情，再加之迷人风光，台湾一直是大陆居民向往的旅游目的地，同时大陆居民赴台旅游也是台湾民众的共同愿望。大陆首发团赴台旅游取得了圆满成功，未来的“台湾旅游”前景可观。

第四章
流行旅游方式

国内游客旅游消费的成熟，使得人们的旅游出行方式不断多样化，尤其是经济相对宽裕、精神上更加向往自由、旅游体验日益丰富的中青年旅游者，他们更愿意选择自主性大、随意性强、旅游文化体验深刻的自助游方式。他们或者家庭出游,或者“驴友”结伴出游,或者选择自由度相对较大的自由行,或者选择自驾车游,有些甚至选择骑车或是徒步旅游。无论人们选择何种自助旅游方式，他们都以“张扬个性，亲近自然，放松身心”为目的。

在自助旅游日益发展成为一种时尚旅游方式的今天，以春秋航空为代表的航空公司抓住时机，推出“人人都坐得起”的“廉价航空”，从而使人们在出行旅游方式的选择上更加多样化。因此，在 2005 年及其前后时间，自助游和与其相关的自驾车游、自由行、背包族、“驴友”等词汇以及“廉价航空”从而成为旅游类流行语。这些流行语的入选反映了人们开始越来越愿意选择自由自在的旅游方式。

第一节 自助游与自由行

1999年开始实行“黄金周”休假制度后，迅速在全国引发了旅游热潮，其中尤以团队观光游为主。这一旅游方式为游客提供了方便、省钱、游览景点多等优势服务。随着国内游客旅游消费的逐渐成熟，他们越来越意识到团队旅游的优势其实也就是缺陷：方便意味着程式化进程，没有个人喜恶；省钱意味着没有选择和差异，不能张扬个性；游览景点多意味着走马观花，劳顿疲乏。于是这种“强迫症式”的旅游方式受到人们的质疑，越来越多的人愿意自己安排旅途中的一切，自由、自主地享受旅行中的快乐，这就是近些年来人们越来越倾向的自助游。“自助游”及与之相关的“自驾车游”、“自由行”、“背包族”、“驴友”被评选为2004年旅游流行词汇。此后，自助游方式继续受到人们的关注，尤其是2008年1月1日起开始实施《全国年节及纪念日放假办法》，节假日休假时间适度延长和分散，更为游客选择自助旅游方式提供了便利。

一、自助游的兴起

自助游是目前非常时尚的一种旅游方式，游客在旅游活动过程中完全自主选择旅游线路，没有全程导游陪同，完全不依靠旅行社或部分依靠旅行社安排住宿、交通、门票等个别项目，行程安排弹性大。这种旅游方式以“张扬个性，亲近自然，放松身心”为目的，以追求旅行过程中的快乐、随意、轻松为原则，以旅游内容精致、旅游花费自行掌控、旅游计划性强和自由度大及应变能力强等为特点，自主决策，深度体验。

据说自助游起源于西方国家的“背包旅行”，早期的背包客（Backpacker）主要是一些年轻人，他们背起高过头顶的背包，搭顺风车、住便宜旅馆甚至是露营，通过自助旅行手册选择旅游景点，享受旅行快乐。这种背包旅行也是一种比较省钱的旅行方式。

现在的自助游已经不是年轻人的专利，也不是省钱旅游的方式。人们倾向于选择这种旅游方式是为了摆脱旅行社行程的束缚，利用现代文明带来的便捷交通、通信等条件，自由自在，感受自然风光，领略风土人情，放松自我身心，体会旅行快乐。

据国内最大的旅游电子商务网站——携程旅游网 2006 年“五一”前做的一次问卷调查显示，出游人群中有近 80% 的人表示会选择自助游，只有 20% 左右的人群愿意选择团队旅游。可见，自助游已经为大多数游客所接受。

自助游之所以是一种时尚的旅游方式，受到人们的青睐，是因为自助旅游具有团队旅游不可比拟的优点。

（一）旅游目的地和出游时间选择的自主性

“黄金周”引发的旅游热潮，使游客深切体会到在旅游高峰期随团前往热点地区旅游不是一种享受，而是花钱买罪受，到处人满为患，吃饭要排队，参观要排队，连上厕所都要排队，游览景点走马观花，行程结束后身心疲惫，根本没有享受到旅游的快乐、达到休闲的目的，所以游客中流行着“上车睡觉，下车尿尿，到了景点就拍照，回来什么也不知道”的感悟。自助游的兴起，使很多游客不再在旅游高峰期到旅游热点地区去拥挤、排队，而是选择以家庭或亲朋好友为单位，或去海滨或去乡村或去尚未开发的旅游地，在时间上尽量避免旅游高峰期，或反季节游览景区景点，以尽情领略风光、感受自我，真正达到休闲目的。

（二）旅游活动准备的充分性

自助旅游没有了旅行社安排食、宿、行、游、购、娱的便利，一切需要自己安排。于是，自助游游客需要在出行前从各方面做好充分准备。现代互联网为人们做好充分的出行准备提供了技术支持，利用网络信息资源可以了解风土人情、查阅网友的建议和评论，以便慎重作出旅游决策，出行前可以据此设计旅游线路、制订详细的旅游计划并进行合理的旅游预算；通过旅游电子商务网站或旅行社可以预订交通、住宿、门票，自驾车出行的游客可以通过互联网查阅详细的交通路线路况信息、必要的装备物资、就餐住宿信息，甚至救助救援信息等。

（三）旅游行程的随意性

制订详细的旅游计划，并不意味着在旅游行程中必须要严格遵照执行，不能有丝毫的变更。自助游的一个很重要的优势就在于在旅游行程中，游客可以随时根据自己的喜好随意更改行程，疲乏了不用急于赶路，可以暂且休息，高兴的话可以延长逗留时间，不感兴趣的项目则可以临时删减或调整。旅游行程的变更可以使游客尽量减少旅行中的乏味与无聊，充分享受旅行中的快乐。

（四）旅游体验的深度化

自助旅行者可以将食宿尽量安排在当地人的家中，与他们一起吃饭、聊天、劳作，真实地感受当地居民的日常生活，参加当地的节庆、婚庆、宗族集会，了解当地的风土人情和风俗习惯。这种深度体验是团队观光游所无法感知的。

（五）出行经验逐渐丰富

游客在自助游的过程中亲历进行旅游决策、制订旅游线路、拟订旅游计划、编制旅游预算、参与旅游体验等全过程，将使游客积累丰富的出行经验，这不仅会为游客以后更多的出行体验提供便利，还可以为他人出游提供良好的意见和建议。

自助游也不完全等同于散客旅游。尽管自助游和散客旅游都需要游客自行设计旅游线路，自行安排食、宿、行、游、购、娱等各项旅游活动，但自助游从根本上来说是一种放松身心的休闲旅游，而散客旅游是与团队旅游相对的一个集合概念，不仅包括休闲自助游，还包括商务、会议等事务性旅游。

二、自助游的几种表现形式——自由行、自驾车游、背包游和驴友结伴出游

自助游追求张扬个性、放松身心的多样化发展，所以自助游充满了多元化的个性化元素，有各种各样的表现形式，如自由行、自驾车游、背包游和驴友结伴出游等。

（一）自由行

自由行是指旅行社提供“机票＋酒店”等基本服务，游客自行安排旅游内容的一种自助旅游方式。

目前我国多数旅行社不仅提供团队旅游包价服务，也提供以“机票＋酒店”为基本服务内容的散客自由行服务。选择自由行的游客多因为厌倦团队旅游的走马观花，他们往往以休闲度假、旅游购物为主要目的，借助旅行社提供的预订机票和酒店服务，部分游客也可依赖旅行社预订门票或其他服务，以便更好地将时间、精力用于体会旅途中的快乐，实现旅游目的。

自由行虽然在一定程度上也依赖于旅行社提供的服务，但它与旅行社的团队旅游包价服务具有本质的区别：(1) 在团队旅游包价服务过程中，旅行社需要安排游客的食、宿、行、游、购、娱等各项旅游活动；而在自由行过程中，旅行社只根据游客的要求提供部分服务，通常是预订机票和酒店，其余旅游活动游客自行安排。(2) 团队旅游的行程完全由旅行社安排，游客自由度小；自由行的行程由游客自行安排，自由度很大，游客可以随意安排参观景点、购物等旅游活动。(3) 团队旅游的游客对酒店、景点、交通的选择余地小，自由行的游客可以对酒店、交通等提出自己的要求，也可交由旅行社全权代理安排。(4) 团队旅游一般安排导游全程陪同，自由行一般没有导游，如果游客确实需要的话可以选择旅行社的该项服务。

（二）自驾车游

自驾车游是指游客自行选择交通工具（主要是汽车），自己驾驶或搭乘非营运车辆，以体验旅行中的自由、便捷、随意为目的的一种自助旅游方式。

由于自驾车游是游客自己掌控交通工具，所以在旅游时间的安排、旅游路程中的停歇、行程的安排上都有很大的自主性，尤其是自驾车游的交通工具具有非营运性质，一般是私家车或是单位非营运车辆，而且驾驶人员和乘客一起参与旅游活动。自驾车游具有灵活性强、自由度大、便利和舒适等优点。自驾车游是自助游中发展和增长速度都最快的一种旅游形式。

自驾车旅游兴起于20世纪中期的美国，后流行于西方发达国家。最初，人们把周末开车出游叫“Sunday Drive”，发展到后来成为“Drive Travel”，现在，它已成为风靡全球的旅游方式。西方国家自驾车游多用的是旅行房车（Caravan）。

我国目前自驾车游多用的是家用轿车。我国自驾车游的产生是随着汽车消费热潮的出现而产生的。进入21世纪后，我国人民生活水平有较大幅度的提高，家庭汽车的拥有量持续快速增长，截至2007年6月，全国汽车拥有量达5 356万辆，其中家庭汽车3 239万辆，家庭汽车年均增速在20%左右[①]，北京正以平均每天1 000辆的速度增加[②]。私家车的迅速增加使自驾车游成为增长速度最快的一种自助旅游方式。我国大部分自驾车游的目的是观光休闲，但也有部分以探险、挑战极限为目的的自驾车游，这类自驾车游往往选用性能卓越的越野车。

我国目前自驾车游多以家庭或亲朋出游为主，时间主要集中在双休日和黄金周，一日游和2～3天的短途旅游居多，城市周边的休闲度假村、郊区采摘园、农家乐等以及周边城市最受自驾车游客的青睐。自驾车游具有以休闲度假为目的、以中

---

① （2007–09–19）. 京报网 www.bjd.com.cn.

② （2006–11–08）. 中国汽车万维网 .

青年为主体、受公路状况制约、灵活自由等特点。自驾车游成为我国当今自助游客首选的旅游方式，市场发展空间非常巨大。

（三）“驴友”结伴出游

驴，指自助旅行者，因与“旅”谐音而称之，“驴友”，即自助旅行中的朋友，是自助旅行者的互称。也有人认为“驴友”是因为和“旅游”谐音，且这两个词的含义也有一定的关联。驴友们有些是同事、同学等熟人关系相约出游，更多的是通过户外运动网站（如：三夫 www.sanfo.com、绿野仙踪 www.lvye.org 等）这类虚拟社区发布出游信息、召集参与人员、了解行程安排、报名参加活动而自愿结伴出游。驴友们相约走出城市，参加登山、露营、远足、穿越、攀岩、蹦极、漂流等活动，拥抱自然，挑战自我。这些活动因其能锻炼个人毅力、培养团队合作精神、提高野外生存能力，而深受年轻朋友的喜欢。

“驴友”结伴出游分为不同的等级，一般来说等级越低，对体能消耗的强度越低，危险越小；等级越高，强度越大，风险越大。在“驴友”结伴出游过程中，还出现了一些不同寻常的称谓，如就餐叫“腐败”，体能消耗强度大叫“自虐”，体能消耗强度大风险也大的高等级出游也就被称为“自虐游”。

“驴友”结伴出游一般惯例是费用均摊、风险自担。近些年“驴友”结伴出游发生伤残事故后产生了一些法律诉讼，与此相关联的事故责任认定问题逐渐进入人们的视野，但由于我国目前还没有建立与这种自助游相关的法律和制度，没有相应的人身伤害事故的责任认定机制，法律诉讼争议较大。而且事后追究责任，往往不能警示“驴友”出游前慎重组织和计划，为“驴友”出游埋下了一定的安全隐患。因此，有专家呼吁国家尽快填补自助游责任认定的法律空白。

(四) 背包游

背包游是指背包族的旅游。背包族，也称为背包客，在英文中为 Backpacker，是由 Backpacking 一词演变而来，也就是背着背包作长途自助旅行的人。20 世纪 70 年代，背包游作为一种新的自助旅游方式首次出现，它以回归自然、独立探索、富有冒险精神等，受到年轻人的青睐并很快在年轻人中间风行开来。

背包族不依靠旅行社、旅游网站等中介安排行程，自行决定旅行中的行程、交通、食宿等，充分享受行走在路上的乐趣。背包族一般具有如下特点：(1) 不住奢华酒店，价格便宜、设施相对简陋的青年旅社、家庭旅馆、汽车旅馆等是背包族青睐的对象。早期的背包族比较倾向于选择住在旅游目的地居民家中，随着当地居民商品意识的增强，简易的家庭旅馆应运而生，成为了背包族的首选。有些甚至自带帐篷，在野外安营扎寨。(2) 背包族一般比较年轻，未婚或没有孩子，来自家庭的束缚比较少。他们青春逼人，活力无限。(3) 背包族的旅行方式以徒步、骑自行车、乘巴士为主，尽量不选择便捷的交通工具，如飞机，他们相信旅行途中的经历与旅游目的地的体验同样重要。(4) 背包族对生活充满好奇。他们告别一成不变的日子，去那些未被开发的景点，探寻人迹罕至的地方，寻找未知的刺激，呼吸陌生的空气，观赏自然的风景，结识各样的朋友，体验异样的生活。(5) 背包族意志坚定，不畏艰险，有挑战困难的勇气。(6) 背包族对旅行的规划、景点的鉴赏、文化的感知往往有独到的见解，不盲从、不屈服于他人的评价与认知。(7) “只留下脚印，其他什么也不留下；只带走照片，其他什么也不带走。”是背包族的一句经典名言。

目前背包族有时也泛指登山、露营、冒险等户外活动参与者。

三、当前我国自助游发展的客观分析

尽管我国自助游的发展尚处于起步阶段，但发展速度很快，这主要得益于国民经济的发展，使得国内居民自助旅游的意愿强烈，也使得国内自助旅游的相关行业不断完善和发展。

（一）自助游的积极作用

1. 居民可支配收入稳步增长

团队旅游由于借助于旅行社的规模经营，往往在住宿、交通、门票等方面可以获得优惠，从而减少游客的旅游花费。如今兴起的自助游已经不是一种省钱的旅游方式，一方面因为自助游游客大多自行解决住宿、交通、门票等问题，难于借助旅行社的规模经营获得价格上的优惠；另一方面也因为远途的自助游游客通常会对旅游景区景点进行深度旅游，旅游行程和逗留时间长，近距离的郊区游、一日游的频率高，从而增加旅游花费。近年来，我国国民经济的发展，使得居民可自由支配收入有了较大程度的提高，国务院总理温家宝在十一届全国人大一次会议上作政府工作报告时说，2007 年我国国内生产总值达到 24.66 万亿元，过去五年年均增长 10.6%；2007 年城镇居民人均可支配收入 13 786 元，过去五年年均增长 12.3%[①]。居民可支配收入的增长，为自助游

① （2008−03−05）. 新华网 .

的发展奠定了强有力的经济基础，尤其是家庭汽车拥有量的增速快于经济增长速度，使得自驾车游近几年得以快速的兴起和发展，更为自助游的发展起到了强有力的推动作用。

2. 带薪休假制度逐步完善

双休日和“黄金周”制度的推行，激发了国民的旅游意识。2007 年 12 月 16 日，《全国年节及纪念日放假办法》（以下简称《办法》）对外公布，并于 2008 年 1 月 1 日起开始施行，《办法》规定：全体公民放假的节日从之前的 10 天增加到 11 天；各类机关团体企事业单位职工均可享受带薪年休假；年休假在 1 个年度内可以集中安排，也可以分段安排①。《办法》不仅增加了节日休假时间，而且对节日休假时间进行了适当的调整，取消了“五一”黄金周，增加了清明节、端午节等传统节日的休假时间等，并对带薪年休假进行了规范。《办法》的施行，将势必减少居民团队观光游的规模，城市周边自助休闲游将会得以进一步的发展。

3. 旅游消费逐渐成熟

我国旅游大众化发展已经经历了近十年的时间，旅游市场不断发展壮大，不仅表现为游客人数每年增加，旅游消费金额不断攀升，而且表现为游客的旅游消费日渐成熟，旅游需求日趋多样化，人们既需要增长见识的观光旅游，也需要放松身心的休闲旅游；既需要能提供便捷服务的团队旅游，也需要可以张扬个性的自助旅游。

4. 旅游基础设施有较大程度改善

随着旅游业的发展，旅游基础设施如通信、交通等有了较大程度的改善，为自助游创造了良好的基础条件。到 2007 年底，全国公路通车总里程数达到 348 万公里，高速公路达到 4.54 万

---

① （2007−12−16）. 新华网 .

公里，到2010年全国高速公路通车总里程数已达6.5万公里。交通状况的改善，使得游客自助游的距离不断扩大。

5. 自助旅游相关行业不断发展

自助旅游的兴起，使得与自助游相关的各行业得以不断发展。如国内绝大部分旅行社不仅提供组团、接团等团队旅游服务，也为自由行的游客提供预订酒店、机票、门票等服务。在旅游住宿方面，以主要满足游客自助休闲游为目的的农家乐、渔家乐以及休闲度假村等方兴未艾，呈现出欣欣向荣的景象。

（二）自助游存在的问题

尽管近几年我国自助旅游发展形势喜人，但现阶段仍有部分客观实际状况不理想，成为制约自助旅游发展的因素。

1. 自助旅游成本偏高

在自助旅游发展过程中，成本偏高是制约自助旅游广泛普及的重要因素之一。以自驾车游为例，高额的高速公路通行费，使自驾车游的成本急剧升高。2007年“五一”期间，笔者曾和朋友一起自驾车进行北京—日照—长岛五日游，行程中高速公路通行费每车720元，占此次全部出行费用的20%，如果加上行程中的汽油耗费，交通费用总金额占全部出行费用的40%多。

2. 旅游信息咨询系统很不健全

目前自助游主要依赖于出行前的周密计划，选择旅游路线、预订住宿，但在旅游行程中由于难于借助旅游信息咨询系统了解路况信息、查询餐馆商场景点信息、获取游客救援救助等，所以很多游客在自助游过程中都遇见过交通堵塞、路况不熟、餐馆景点人满为患等情况，有些游客甚至无法及时获取道路救援、医疗救护等。不够安全和顺畅成为人们自助游过程中最为担心的问题。

四、我国自助游市场的未来发展

我国自助游目前尚处于起步阶段，这与我国旅游产业发展时间短、旅游消费尚不成熟有关，也与我国的旅游服务体系建设还不完备的实际情况相关联。在我国未来的旅游发展进程中，自助旅游的形式会更加多样、内容会更加丰富，自助旅游将以更快的发展速度、更大的发展规模，在未来的旅游市场中占有越来越大的份额，成为主流旅游方式之一。这不仅取决于国民经济的发展使得游客旅游消费日渐成熟，更取决于旅游产业和与之相配套的相关产业的不断完善和发展。为此，需要做好以下工作：

（一）旅游企业营销渠道电子化

旅游饭店、交通部门、景区景点应更加充分地利用网络资源，广泛进行业务宣传推广，积极开展网络预订服务，以保证自助游行程的预期实现。旅行社面对广大的自助游市场，可以充分利用互联网设计自助游线路，推广自助游产品，并利用规模优势，提供预订饭店、机票、门票、导游等多项服务的灵活组合，为自助游游客提供选择性的配套服务。

（二）旅游交通便捷化

旅游交通便捷化体现在城际间交通运输网络系统更加发达，航空、公路、铁路、水运等运输能力进一步增强，运输条件不断改善，票务预订系统更加方便，使自助游网络更加顺畅，尤其是公路建设更加完备，不仅高速公路通车里程数不断增加，而且路标设置更加清晰明确，并提供公路路况信息实时查询服务，为自驾车游的快速发展创造良好的基础条件。

（三）旅游景区景点基础设施完善化

旅游景区景点内不仅需要设置清晰的文字介绍和明确的线路指示牌，方便游客自助游览，而且应该设置人—机交流多媒体景区信息系统，以方便游客在即使没有导游的讲解的情况下也能全面系统地了解景区相关知识，满足游客的求知需求。同时景区内应该建有完备的通信系统和应急设施，以便及时为游客提供帮助和救助，保障游客的安全，解决游客的后顾之忧。

（四）旅游信息咨询系统完备化

完备的旅游信息咨询系统应该具备旅游景点查询、旅游线路专家咨询、旅游相关服务查询等功能，旅游景点查询不仅包括文字介绍、图片展示、开放时间、门票价格、乘车路线等信息，还应能进行旅游景区近期天气预报查询，以方便游客的出行；旅游线路专家咨询能根据游客的时间、消费预算、兴趣爱好等情况，编制出指导性的旅游线路方案，以供游客选择；旅游相关服务查询可以为游客提供有关住宿、餐饮、购物、娱乐、交通、医疗急救等方面的信息，以切实指导自助游游客安全便利出行，减少游客出行的盲目性。

（五）旅游文化挖掘深入化

自助游摒弃了团队旅游走马观花的缺陷，游客大都选择对旅游接待地进行深度旅游，尤其是自助游游客以中青年为主，他们大都具有较高的文化修养，这必然会对旅游接待地的文化旅游资源提出更为深刻的要求，促使旅游接待地的人们深入挖掘当地的文化旅游资源，以便满足自助游游客对当地文化旅游资源更高层次的体验需求。

自助旅游在我国起步较晚，发展较快，更为中青年游客所青睐，他们或是选择依靠旅行社预订机票和酒店的自由行方式，或是亲朋一起自驾车出行，尤其一些青年游客愿意选择背包旅游,或是“驴友”结伴出游。自助旅游以“张扬个性,亲近自然，放松身心”为目的,对旅游服务内容和服务质量提出更高的要求，对旅游文化资源提出更深的要求，这必将促进我国旅游配套设施的进一步完善，促进我国文化旅游资源的深入挖掘，以最大限度地满足游客的差异化需求。

第二节　廉价航空

在“2005 年春夏季中国主流报纸十大流行语”发布榜的经济类，以及文新集团 2005 年度流行语发布榜的旅游类，“廉价航空”都入选在榜。

一、廉价航空在中国的出现

2005 年 7 月 18 日，上海春秋国旅“3S”标志的空客 320–214 客机从上海飞往山东烟台，机上的 180 名乘客中，有 13 人幸运地从网上“抢购”到了 199 元的低价票，这标志着国内首家廉价航空公司正式运营。尽管同年的 3 月已有总部在天津的奥凯航空公司航班首飞天津—昆明，另外，民营航空公司成都鹰联航空公司、甘肃华夏航空公司也成为新的低成本航空公司，但引起社会广泛关注的，仍然并且一直是以经营旅行社业务为背景的春秋航空公司。

由春秋旅行社创办的春秋航空有限公司成立于 2004 年 5 月 26 日，它被认为是我国首个民营资本独资经营的低成本航空公司，其目标，是要做以商务旅客为主的低成本航空公司，它提出的口号是“让人人坐得起飞机”。

二、廉价航空的由来与发展轨迹

廉价航空，英文 low-cost airline，其雏形出现于“二战”后的英国—西欧主要度假地的低价旅游包机，大规模出现于 1978 年的美国。由于通过了《取消航空管制法案》，增大了航空运营空间，美国西南航空公司首先开始了低成本运营并取得了巨大成功，其他一批航空公司逐渐进入主要航空公司尚未提供频繁定期航班的区域市场并迅速壮大，打破了国有航空公司一统天下的局面。20 世纪 90 年代，“大陆快运”(Continental Express)、“三角快运”(Delta Express)、联航的“短途飞行”(Shuttle) 等陆续进入市场，主要大城市间几乎都有低成本航空公司在经营航线。美国的模式也刺激了欧洲低成本航空业的发展，在 20 世纪 80—90 年代，涌现出一批低成本航空公司，如瑞安航空 (Ryanair)、易捷航空 (Easy Jet) 等。近年来，亚太地区也兴起了一批低成本航空公司，如澳大利亚的维珍蓝航空 (Virgin Blue)、马来西亚的亚洲航空 (Air Asia)、泰国的泰国亚航 (Thai

Air Asia）和飞鸟航空（Nok Air）等[①]。据统计，目前，全球有廉价航空公司60余家，共计1 200余架飞机，仅欧洲20多家廉价航空公司就运营着500余条航线。低成本航空运营二线机场，点对点航线，单一客舱布局，运营短途航线，基本上不提供或很少提供服务，单一机型，基本上以波音737起家[②]。然而，廉价航空的经营之路并不平坦。由于运力过剩和史无前例的燃油价格上涨，2005年美国整个航空公司行业共亏损100亿美元，让许多苦苦挣扎的航空公司被卷入生存之战，进行大规模精简和重组，达美航空公司和美国西北航空同年申请破产法保护；2008年4月，美国经营美国中西部航线的A T A航空公司和经营夏威夷航线的Aloha航空公司，以及Skybus三家廉价航空公司先后宣布破产。相比之下，只有美国西南航空公司连续33年保持了赢利的杰出纪录。

三、廉价航空的运营模式与效果

廉价航空之所以取得成功，受到消费者欢迎，主要在经营上采取了特殊方式，包括：

——选择直飞航线，点对点飞行；

——选择地区性二级机场，起降费用相对较低；

——使用单一机型，减少航材储备、维修和人员培训费用；

——减少机内服务，不提供免费餐饮，减少机组人员，降

① 徐汎．低成本航空及其在中国的发展．旅游绿皮书2004—2006中国旅游发展：分析与预测．北京：社会科学文献出版社，2006：212—222.

② 韩涛．对国内外廉价航空市场的深度分析与建议．http://news.carnoc.com/list/84/84740.html.

低成本；

——不单独雇用保洁公司清洁班机，而是自我打扫节约成本。

例如，奉行“省之于旅客，让利于旅客”的经营理念的春秋航空公司，为了让“游客和对票价比较敏感的商务旅客”有机会感受“安全、低价、准点、便捷和温馨”的服务，便独立自主开发销售和离港系统，旅客可以在家或在办公室通过网上或手机支付、预订机票，还可以在网上选择飞机客舱座位，自助办理到达登机手续。班机上也不提供免费餐食，因为这些免费餐食的费用都是“羊毛出在羊身上”。在机型选择上，他们只使用空中客车 A320 型飞机。

目前，春秋航空公司经营着上海飞广州、珠海、厦门、昆明、海口、三亚、桂林、温州、青岛等多条航线，它们是国内唯一不参加中国民航联网销售系统（CRS）的航空公司，2006 年春秋航空的平均票价比市场上平均价格低约 36%，为旅客带来 2 亿多元的实惠，并在安全运行第一年即实现赢利。2006 年，春秋航空公司荣获民航总局运输司公布的中国民航“五率”加权积分总评比第一（公司原因飞行事故征候万时率、公司原因航班不正常率、旅客投诉万人率、正班执行率、基金缴纳率）。春秋航空公司也成为国内民航最高客座率 95.4%的航空公司。

春秋航空公司之所以可以获得赢利，与其背后有着强大的旅游客源支撑也有密切关系。事实上，国外许多旅行商都开办了航空公司；在国内，春秋旅行社是首家具有航空公司的旅行社企业，这一经营模式，符合国际大型旅行商纵向一体化发展模式——既拥有旅行社网络，也拥有航空公司、游船公司、酒店。2006 年 9 月 7 日春秋航空正式公布公司 2006 年前 8 个月的经营业绩：春秋航空开航一年以来，在总平均票价为 3.8 折，同时期其他航空公司相同航线平均票价为6折的情况下，以3架飞机的运营规模，在2006年1—8月份盈利1 000万元左右。刚刚开航不到两年的春秋航空，在2005—2006年度营业收入爆发式地增长了1 234.23%。2006年6月30日，在《中国企业家》杂志推出的“未来之星——最具成长性的新兴企业”排行榜上，春秋航空成为了该排行榜自2001年诞生以来首次入选的航空类公司。这种经营业绩，相比国内航空公司处于亏损经营状态的窘境而言，显示出了勃勃生机。

为了践行“让人人坐得起飞机”的口号,春秋航空推出了“1元”、“99元”、“199元”、“299元”等特价机票，让利于消费者。其中，2006年11月30日到12月10日期间，春秋航空仿效国外廉价航空的做法，在上海—济南航线上推出400多张1元的促销机票，这一行为被济南市物价局处以15万元的处罚，理由是它们超过了民航总局规定的四折最低限价令。这不但让人们告别了1元机票，也使春秋航空退出了上海—济南航线①。尽管王正华认为出售1元机票的动机是“与其让座位空着，不如以较低的价格卖给想乘飞机的人”，也是一种营销手段，但仍然难逃处罚。民航专家认为，1元机票事件暴露出了中国民航业发展到今天的一系列通病和矛盾。行业垄断势力的影响与管理政策的滞后，比如飞行员的不能合理流动、航权审批受限、时刻资源的分配不公乃至飞机引进审批原则僵化等，严重阻碍了民航业尤其是民营廉价航空的发展。

春秋航空的廉价做法，不但打破了国内航空业票价居高却长期亏损的奇怪局面，为缺乏竞争、服务和效率偏低的国内航空业带来了新鲜空气，更重要的是，为广大中低收入人群提供

① （2007-11-11 01：07）. CCTV—经济半小时 http://www.sina.com.cn.

了廉价机票，让“坐飞机像坐大巴一样方便普及”的梦想接近了普通大众一步。从市场需求方面看，目前中国人均可支配收入仍然偏低，一张单程的机票就要占人均年收入的 10% 左右；而在西方发达国家，一张机票的平均价格占其人均年收入的 0.5%。因此，对于相当一部分中国人而言，航空旅行仍被视为奢侈消费。中国广大中低收入人群对于低成本、低票价的航空服务有着更强烈的需求。2006 年，中国民航往返的客运量是 1.6 亿人次，这对于拥有 13 亿人口的中国来说仍有巨大的市场潜力。春秋航空认为：“只要我们能提供区别于传统航空公司的差异化的服务，就一定有市场。”这是符合企业发展规律的。

四、廉价航空在我国发展的阻力

廉价航空受到大众欢迎，但在中国的发展过程中，还是遇到比国外更多的障碍，比如，航权时刻有限、飞机租购受限，飞行人才缺乏，经营规模小等[①]。

（一）航权时刻

对于国内廉价航空来说，首先的一个难点是中国民用航空航权审批由于沿用先到先得、缺乏竞争和退出机制的法则，70% 的航空运输量集中在 30% 的区域，即主要集中在北京、上海、广州等十几个大中城市。这些城市的机场运力已经趋于饱和，新进入的航空公司要在这些市场中竞争非常困难。

① 韩涛. 对国内外廉价航空市场现象的深度分析及建议 . http://news.carnoc.com/list/84/84740.html.

（二）飞机引进

对于航空公司来说，飞机租购也是个大难题。按照现阶段的法律法规，国家发展和改革委员会每年审批一次国内航空公司租赁购买国外飞机的计划。这一点对国有航空的三大集团不会造成太多不便，因为对它们来说，每年增加几十架飞机不在话下。但在每年一次的审批面前，廉价航空公司就有点左右为难。人才储备量大了，怕发改委来年不批飞机，平白消耗人员成本；人才储备量小了，万一发改委批飞机了，又会坐失发展良机。飞机引进无自主权，租赁飞机面临着重重困难，这些都导致公司无法按照自己的计划扩大机队规模，也就无法形成规模效应，降低成本。

（三）飞行人才

飞行员在中国属于稀缺资源。国内许多专家预测，今后五年，我国飞行员的缺口每年将高达 8 000 至 10 000。廉价航空为了应急，也常常直接从其他航空公司挖人。但这唯一的捷径也被 2005 年 5 月出台的《关于规范飞行人员流动管理、保证民航飞行队伍稳定的意见》堵死，该意见中明确规定：飞行员跳槽的话，“新东家”要参照 70 万～210 万元的标准补偿“老东家”，而且跳槽的飞行员在与原单位解除合同前，将被禁止飞行。因而千方百计寻找飞行员就成了国内廉价航空的当务之急。

（四）经营规模

国内廉价航空目前发展的瓶颈，除了航线网络问题之外，还有就是规模小。从民航发展的历史来看，一个航空公司，如果飞机的机队规模在 4 架以下，就很难形成飞行网络，没有飞行网络，很难吸引客人乘坐。春秋和东星之所以盈利，主要就是它们的“航空＋旅游”模式取得了成功。旅行社有大量的门市网点，可以解决自我销售的问题，市场网络的问题可以解决。在航班的上座率得到了充分的保证后，航空公司产生的现金流完全可以维持公司自身的运转。

当然，从长远来看，尽管中国民航业当前在票价、航线、购买飞机、飞行员等方面的高管制让国内廉价航空公司身陷桎梏，国内廉价航空应该说是刚刚起步，但随着中国市场化进程的深入，以及廉价航空市场的需求十分强烈，民众希望廉价航空公司能在中国顺利发展。要实现这个愿望，有赖于两方面的努力，一方面是政府和民航系统能以开阔的胸襟对待廉价航空，允许他们寻找自己的发展空间；另一方面，也有待于廉价航空公司自身苦练内功，坚持创新，寻找到自身的核心竞争力。

第五章 旅游消费与社会政策

“黄金周”成为流行语，有其社会学的启示。我国进入新世纪后，由于经济和社会的发展，对社会消费提出了新的要求，要培育新的消费热点，旅游消费就突出出来。政府及时制定社会政策，从“黄金周”的产生到假日制度的调整，从专家学者的讨论建议到国家政策的逐步完善，增加了假日时间，为旅游消费提供了更好的条件。以旅游消费和旅游文化为特点的假日制度改革，体现了我国社会和经济的快速发展节奏和社会经济结构的重要变迁，促进了人民生活质量的提高，促进了休闲服务和交通通信等第三产业的发展，有利于调整产业结构，体现了消费拉动经济增长的思路，折射出文化需求与社会经济发展的有机结合。

个体旅游消费活动的产生，有赖于三个必要条件：闲暇时间、可支配收入、消费欲望。其中，可支配收入与社会经济发展程度密切相关，而闲暇时间则与社会公共政策直接相关。个体和群体无论多么富有，如果没有充足的闲暇时间，其旅游消费也将无法实现。现代旅游业之所以在工业革命以后获得蓬勃发展，原因之一就是产业工人阶层的带薪休假制度获得了普遍落实。

第一节　黄金周促进旅游消费

一、黄金周现象的产生

1999 年前后，我国经济出现了两大难题：一是通货紧缩和有效需求不足；二是国企改革出现大批职工下岗，国内经济出现疲软，影响到经济的稳步增长，并导致就业水平下降。中央银行连续七次降息，想通过此举鼓励人们去扩大消费，但效果并不明显。寻找消费热点已经成为经济学家和政府最关心的问题[①]。因此，1999 年 9 月，国务院通过了修改的《全国年节及纪念日放假办法》，以上移下借的形式形成春节、“五一”和国庆三个七天长假。长假制度实施后，旅游、商业、餐饮娱乐休闲业等行业在这一周中日进斗金，形成假日集中消费高潮，因此，三个长假立即被人们称为“黄金周”。在国际上，日本也存在这种 3 天假日加两个周末的黄金周。在黄金周制度实行了一年后，商业购物等某些消费不再火热，而人们外出旅游的热情毫不衰减，旅游消费成为黄金周最为惹眼的现象，因此，人们逐渐习惯将黄金周称为“旅游黄金周”。国务院为此还特别建立了由国家旅游局牵头的“全国假日旅游部际协调会议制度”，在每个黄金周期间处理国民旅游投诉等紧急协调事务。因此，黄金周

① 段平利．“假日消费”的经济学解读．商业时代•理论，2005（36）．

对于旅游业的意义超过了任何其他行业。

黄金周制度从 1999 年国庆节开始实施，在 2000 年“五一”时达到高峰，出现了旅游潮流的“井喷”现象。有关资料显示，2000 年黄金周期间，出游人数大大超过了同年春节和上一年国庆，达到了中国旅游史上的历史最高水平。从出行目的看，除了第一个黄金周以探亲访友客流为最大客流外，其他各黄金周都以观光度假客流为主（参见表 5–2）。根据国家旅游局的统计数据，各年度黄金周接待的人数参见表 5–1：

表 5-1　各年度黄金周旅游人次数与旅游收入　单位：万人 / 亿元

年度	春节（人次数/收入）	“五一”（人次数/收入）	“十一”（人次数/收入）
1999			2 800/141
2000	2 000/163	4 600/181	5 980/230
2001	4 496	7 376/288	6 397/250
2002	5 158/228	8 710/331	8 071/306
2003	5 947/257	–	8 999/346
2004	6 329/289.6	10 400/390	10 100/397
2005	6 902/313	12 100/467	11 100/463
2006		13 800/547	
2007		17 900/736	

表 5-2 1999-2006 年各年度城镇居民国内旅游目的　单位：%

年度	观光旅游	休闲度假	探亲访友	商务	会议	交流	宗教朝圣	其他
1999	24.1	8.6	48.8	3.8	6.6	1.5	1.3	5.3
2000	39.9	16.8	26.3	2.8	6.2	2.2	1.3	4.5
2001	39.3	17.7	25.2	3.7	6.1	2.1	1.0	4.8
2002	41.4	18.0	25.2	2.3	5.7	1.9	1.2	4.3

续表

年度	观光旅游	休闲度假	探亲访友	商务	会议	交流	宗教朝圣	其他
2003	41.7	21.1	25.2	1.9	4.7	1.1	0.4	3.9
2004	45.0	19.7	23.7	1.4	4.1	1.4	0.8	3.9
2005	44.9	18.5	23.5	2.0	3.7	1.5	1.5	4.4
2006	42.6	20.6	23.4	1.9	3.1	1.4	1.5	5.5

图　黄金周旅游景区人满为患

二、黄金周的利与弊

这几年，自从1999年国务院决定调整三大假日休息时间，由此演变出人们通俗说法中的“黄金周”以来，有关“黄金周”是非曲直的争论就一直没有停止过，这些争论大都围绕“旅游黄金周”进行，而且这几年有愈演愈烈的趋势。每到一个黄金周前夕，中央和地方各大媒体就会组织人员参与到这一问题的讨论中。2005 年 11 月 14 日笔者用“谷歌”（google）搜索，发现有 2 310 000 项关于“旅游黄金周”的查询结果（同时，关于“黄金周制度”的检索项有 2 000 000 个，而关于“黄金周”的检索项只有 1 760 000 个，说明人们对“旅游黄金周”的关注超过了对单一“黄金周”的关注）；新浪等大型网站也在醒目位置设讨论区让广大网民参与到这一问题的讨论中①。

从各个黄金周的旅游统计数据可以发现，黄金周在带给国人更多闲暇时间的同时，也极大地释放了人们外出旅游的热情，有力推进了中国旅游业的发展。然而，由于中国人口众多，基础设施有限，全国集中的休假制度，也造成了黄金周旅游过度拥挤、旅游品质下降、旅游资源遭受破坏等负面效果。当人们为黄金周发出欢呼声不久，人们就开始理性地对待黄金周的利与弊。尤其是 2004 年以后，媒体和学者对于黄金周弊端的批评声大过了褒奖声，黄金周面临“七年之痒”的声音不绝于耳，每到一个黄金周，媒体和网站上都会出现黄金周弊端以及是否应该取消黄金周的大讨论。少数旅游界学者和旅游局官员力挺黄金周，认为利大于弊，应该继续保持；更多的社会人士和网民则连年炮轰黄金周，认为弊大于利，旅游部门不能过分关注自己行业的经济收入而不顾民众的旅游感受以及环境的承载力，更无权决定是否必须保留这种涉及全民休假制度的国家大事。部分旅游界学者也提出了黄金周制度应该改革的建议。总体上看，黄金周制度既不像肯定派说的那样完美，也不像否定派说的那样一无是处，其利与弊可以概括如下：

① 根据新华网（www.xinhua.com.cn）数据资料整理得到。

（一）黄金周之利

1. 给国民更多闲暇

从制度上赋予了人们更多的闲暇时间，全年累计节假日达到114天,从而使国民的带薪休闲时间达到全部时间的1/3左右。为进入现代社会的中国民众提高了休息权，在一定程度上改变了中国人对于工作和休闲的传统观念，意识到工作是为了更好地生活。

2. 促进消费，拉动内需

有力促进了消费，拉动了内需增长，增加了新的就业岗位，加速了产业结构调整。黄金周长假对旅游、商业、餐饮、交通、景区、文化、体育、银行、保险、通信等各产业的发展，产生了明显的促进和拉动作用，成为刺激消费、拉动内需的一项重要制度安排，并且对于传统政治经济学理论中“只有生产才能带来效益,消费只是回笼货币”的旧观念给予了彻底的现实否定。

3. 激发旅游热情

黄金周极大地激发了中国人休闲与旅游的热情，为国民实现“游遍祖国大好河山”的愿望提供了条件。因为，连续的可自由支配时间，是旅游需求得以实现的一个重要条件。因此，在带薪休假制度没有全面落实之前，每年三周的法定休假期，对于大规模现代旅游活动仅仅从1978年开始出现的中国人而言，是难得的旅游机会。2000年“十一”至2007年春节，19个黄金周累计接待国内游客16亿人次，全国每年三个黄金周仅仅21天内的旅游人数，达到全年总数的1/4至1/3。

4. 带动其他行业发展

黄金周极大地促进了旅游及相关产业的持续快速发展，加快了旅游产品供给体系的发展步伐。2000 年“十一”至 2007 年春节，19 个黄金周累计实现旅游收入 6 704 亿元，带动民航实现客运收入 332 亿元，铁路实现客运收入 233 亿元[①]。

（二）黄金周之弊

社会各界对黄金周弊端的声讨，概括起来，主要集中在以下方面：

1. 供求失衡

集中出行造成旅游基础设施与旅游需求的失衡，短时间内巨量的旅游客流使交通再次成为旅游发展的瓶颈，饭店等接待设施也出现季节性紧张和结构失衡。黄金周的游客数量是平时的几倍，使航空、铁路、公路、船舶运输全面紧张，出游者每次都感到如同春运般一票难求，一房难求。住宿设施上，黄金周期间总是呈现出中低档拥挤、高档闲置的结构不平衡现象。

2. 容量失衡

集中旅游造成景点容量与游客数量失衡，著名旅游景点在黄金周期间总是人满为患，故宫、长城、五台山、乐山等景区的游客接待量经常超过最大承载量的一倍以上，各大景区人山人海，摩肩接踵，游客观景、用餐、如厕、休息都成为问题。这种过度拥挤，降低了游客的旅游质量，加大了旅游安全的风险，同时也加速了资源损耗和环境破坏。

3. 价格失衡

黄金周期间过于旺盛的旅游需求，引发了各类旅游产品供给者的涨价冲动。每到黄金周到来之前，旅游景区、旅行社、

① 邵琪伟．在全国假日旅游部际协调会议上的讲话．旅游调研，2007（5）．

宾馆饭店、交通部门都会提高产品价格，或者至少按照最高价格销售，使消费者承受更大的经济负担。

4. 管理失衡

加大了管理成本和资源的闲置浪费。黄金周期间全体旅游管理部门和旅游企业高度紧张，全体动员，各类设施全力配备，但黄金周过后迅速进入一个萧条期，暴冷暴热的消费造成资源的闲置与浪费。

随着时间的推移，人们对黄金周制度的弊端的认同大于对其正面作用的认同，旅游部门在每个黄金周结束后总是快速而“自豪”地公布旅游接待人数和收入的“节节攀升”，而无视广大游客在黄金周期间的痛苦经历，这引起了大家的反感；人们甚至对每个黄金周的统计数字如此快地获得表示质疑，并对总是增长的数字感到怀疑。因此，每到“五一”和“十一”黄金周前后，报刊上总会出现大量的讨论黄金周制度改革的文章，学术刊物上也有越来越多的文章分析黄金周制度的利弊及改革方向①。与此同时，另一种要求增加节假日的民族文化内涵，从文化角度看待黄金周制度改革的呼声也一浪高过一浪。中国人民大学校长纪宝成曾多次以全国人大代表身份向“两会”提交提案，呼吁增加传统节日为假日。但传统节日与现有黄金周制度如何协调的问题在2006年以前一直无人加以阐明。2006年1月，徐菊凤提出从文化视角看待黄金周假日制度改革，明确提

① 例如，周觉，何萍英．从黄金周看我国旅游业的可持续发展．消费经济，2006（6）；杨利美．美国假日制度对中国假日制度改革的启示．思想战线，2006(2)；沈培钧．黄金周的冷思考．综合运输，2003(10)；黄金周遭遇“七年之痒”．领导决策信息，2005(19)；郑小琦，姜喆．黄金周之“变”．瞭望，2002，(40)；黄金周亟待走出死胡同．领导决策信息，2004，(39)；王兴斌．中国休闲度假旅游的必由之路：从“黄金周”到带薪休假．旅游学刊，2002（4）．

出取消“五一”黄金周，建议将黄金周平移至清明、端午、中秋等传统节日，增加除夕为法定假日，延长春节假期，并同时强制实行带薪休假[①]。因此，有关黄金周制度改革的社会舆论经过多年累积，形成这样三派观点：一派为“取消派”，呼吁完全取消黄金周制度，实行带薪休假制度；第二派为“改革派”，呼吁改革现行黄金周制度，实行弹性休假制度或其他休假制度，如隔周双休，每月一个小长假；或者呼吁增加传统节日为法定假日；第三派为“坚持派”，认为黄金周不能取消，只需根据旅游效果而进行适当调整。

在社会各界的舆论关注和强烈呼吁中，已经执行了 9 年之久的黄金周制度，终于在 2007 年迎来了它的改革。在 2007 年 12 月 14 日，国务院颁布了关于修改《全国年节及纪念日放假办法》的决定，以及《职工带薪年休假条例》，决定取消“五一”黄金周，继续保留“十一”和春节两个黄金周，另外增加清明、端午、中秋、除夕 4 个传统节日为法定假日。

三、对“黄金周”制度作用的评判

（一）全方位刺激消费

“黄金周”对于服务业的带动和影响，对于居民生活质量的改善作用是巨大而显著的。无论是看旅游局系统的统计数字，还是看我们身边大众百姓的生活，以及服务业商家节后盘点的数字，“黄金周”休假制度给旅游等服务产业带来的巨大经济贡献是毋庸置疑的，也是无可替代的。那种认为“黄金周消费”

① 徐菊凤．黄金周制度改革的创新视角．光明日报•理论版，2006–1–17.

等于平时消费的累积的观点，是一种看似有道理其实并不合理的说法，理论界至今也没有人拿出证据说明这一点。尤其对于旅游这样的消费活动来说，如果没有连续的休假日，这种消费是根本不可能产生的。“黄金周”制度对于城镇居民调节身心健康、获取更多闲暇时间参与自己喜欢的活动，也具有非常明显的作用，是我国社会经济走向小康，人民生活进入富足、宽裕阶段的标志，这应该是中国几千年来未曾达到的社会生活境界，是朝着千百年来人们向往的小康社会迈进的一大步。自从“双休日”和“黄金周”制度实行以来，我们再也没有听到关于闲暇时间增加会导致社会生产力下降的言论出现。这是“黄金周”制度最主要，也最无可争辩的积极效用。

（二）促进经济增长

“黄金周”制度对于以旅游业为首的服务业加强建设、提高管理水平、改善服务态度具有显著作用。旅游业中的饭店、景区景点，以及旅游行政管理部门为了迎接“黄金周”的巨大客流，都会在三个长假到来之际做好充分准备——充实人力资源，增加新的旅游吸引物，改善基础设施和服务设施建设，改善管理服务系统，增加疏导游客设施……全国旅游假日部际协调机构——旅游假日办公室在此时发挥直接职能作用，旅游业的综合性、旅游部门的协调作用在“黄金周”得到了最充分的体现。除了旅游业,其他一些服务业部门也明显受益于“黄金周”制度，如家电业、通信业、娱乐业、餐饮业、零售业，甚至汽车销售业，都奋力备战“黄金周”，在三个长假里获得丰厚收益。据国家统计局和国家旅游局的统计数据,2005 年“十一”黄金周期间，全国共接待旅游者 1.11 亿人次，同比增长 10.5%；实现旅游收入463亿元，同比增长16.6%。另据来自商务部的消息，2005年“十一”黄金周期间全国社会零售品消费高达2 700亿元。

（三）需要理性调节

黄金周带来的旅游者在行、住、吃、游方面的困难，旅游质量的下降，以及对于旅游景区景点，尤其是一些世界遗产类极品旅游资源的破坏，也是不可回避的事实。然而，这些问题的出现，很大程度上与中国巨大的人口总量有关，也是短时期内难以彻底解决的问题。但是，这可以通过旅游者出游经历的丰富，出游选择的渐趋理性，以及旅游景区、住宿和交通设施的逐步改善得到缓解。近几年的黄金周长假已经开始出现这种理性自动调节迹象。

第二节　假日制度改革与旅游消费的关系

有关黄金周的种种意见，一直伴随着另一个重要话题，那就是带薪休假制度的实施，而有关黄金周制度与带薪休假制度这两个问题的实质，都是假日制度改革问题。在社会舆论一浪高过一浪的讨论声中，“带薪休假”在2007年成为具有明确内涵的现实法规，也因此成为北京语言大学等机构评选的2007年年度流行语中唯一的旅游类流行语；而在文新集团的流行语评选中，“带薪休假”与“新假日制度”均成为上榜词语。

一、带薪休假与黄金周制度的关系

带薪休假制度是人类进入工业社会以后，率先在欧美工业发达国家出现的劳动和休息时间制度。休息权是现代社会人权的一个基本方面，目前，实行职工带薪年休假制度，已经是世界各国劳动制度方面一个普遍的做法。法国最早从 1830 年开始实行这一制度，英国、美国、荷兰、丹麦、德国等先后跟进实施。在其后的 100 多年中，通过劳方的争取，休假时间逐渐增加，至今为止，大部分欧洲大陆国家的劳动者都享有 5 ～ 6 周的带薪假期。欧洲国家法律规定的带薪假期少则 20 天，多则 30 天，而劳资双方约定的实际休假时间比这更长，在 4 ～ 6 周之间（表 5–3）。因此，西方国家的民众每年都可以有充分的时间享受悠闲的假期，每年度假 3 ～ 4 次。正如霍洛韦（1997）指出的，“大约 60% 的英国人每年度过一个包括 4 个夜晚或更多时间的假期，多年来一直稳定在这个数字左右。有 25% 以上的人每年度过两次或更多的包括 4 夜以上的假期，其中 10% 度假 3 次或 3 次以上。在瑞士，83% 的人每年都度假 1 次；北欧三国的比例为：瑞典 80%，挪威 70%，芬兰 70%”。[①]

① ［英］C.J. 霍洛韦 . 论旅游业（原版 1994）. 北京：中国大百科全书出版社，1997.

表 5-3 发达国家经济发展阶段与带薪休假制度实施情况

国别	产业革命时期	带薪休假制度颁布时间/休假期	休假法律文件	目前法律规定	劳资双方协议（周）
法国	1830年	1936年/2周	人民战线内阁	30天	5～6
德国	1850年	1963年/3周	联邦休假法	18天	6
英国	18世纪末	1937年/1周	带薪休假法	—	4～5
丹麦	19世纪中	—	—	30天	5～6
荷兰	19世纪中	—	—	28天	5～6
美国	1830年	1940年/2周	—	—	3～5
日本	19世纪末	1947年/最长20天	劳基法	18天	2～3

资料来源：根据相关资料整理。

在东方国家和地区，以及经济不发达国家，带薪休假的时间普遍偏短，比如日本为 10 ～ 20 天，中国香港地区为 7 ～ 14 天，中国台湾地区为 7 ～ 30 天[①]。在日本，即使是法律规定的 18 天带薪休假期，实际的利用时间也只有 8 ～ 9 天，在有职业者中，41.1% 的人休假 4 天至 1 周，30.9% 的人休假不足 4 天。这种紧张的以公司为中心的生活方式，导致日本在 20 世纪 80 年代出现很高的“过劳死”概率，而且，国家经济也长期萎靡不振，社会消费低迷，失业率居高不下，所以日本政府近年来正采取强行推进休假制度的措施，以促进消费，带动经济繁荣[②]。由此可以发现，连续而宽松的带薪休假制度，既是一国民众生

① 杨劲松．国外休假制度及其对中国的借鉴．旅游学刊，2006（11）：19–24.

② 国家旅游局驻东京办事处．休假制度改革对日本社会经济的影响．旅游市场，2004（8），内部出版物．

活质量的重要反映，更是该国休闲度假旅游能否获得重大发展的关键因素。在度假旅游发展上，制度性闲暇时间因素可能比经济条件因素更为重要。

我国带薪休假的政策规定与执行情况如何？有多少国人享有带薪休假制度？目前没有任何官方或研究机构可以提供这方面的数据资料。徐菊凤在2006年进行的一项关于度假旅游研究中所作的调查表明，北京市居民目前只有26%的人有带薪假期，64%的人没有，10%的人有带薪假，但无法使用。该研究从我国居民赴海南三亚旅游停留时间与俄罗斯游客停留时间的对比中，也指出，我国旅游者度假停留的时间很短，一般只有3～4夜，基本上属于短期度假范围，而俄罗斯游客一般停留10～15夜，两者之间存在巨大的反差①。王莹对杭州度假旅游者停留时间的调查也显示，国内休闲度假者的度假时间普遍较短，63.3%的人停留3天以内，停留3天以上的人只有37.4%②。

关于黄金周问题的争论的焦点之一，就是是否要用“带薪休假”制取代“黄金周”制度。然而，认真分析这一争议所引发的论题，其实是一个伪问题。因为“黄金周”与“带薪休假”这两个概念并不是对立的，只是人们没有将其辨析清楚。首先，“黄金周”中的休假也是带薪休假；其次，带薪休假制度在我国《劳动法》中已经存在，只是规定不详、执行不严而已。也就是说，这两种休假方式并不存在对立与替代的关系。因此，讨论用一种制度代替另一种，必然存在理论和逻辑上的缺陷，在现实中也不可能实现。它们之间是并行的关系，也就是说，在实行（或

① 徐菊凤．中国休闲度假旅游研究．大连：东北财经大学出版社，2008：177.

② 王莹．杭州国内休闲度假旅游市场调查及启示．旅游学刊，2006（6）：44–48.

改良）黄金周制度的同时，也可以并且必须真正实行带薪休假制度。

为什么要提倡真正实行带薪休假制度呢？如上所述，带薪休假制度是进入工业化时期国民生活质量的一个保障性措施。中国现在处于工业化和后工业化交杂的历史时期，完全应该参照西方100年前的办法对广大上班族工作者实行带薪休假制度。从形式上看，我国最早以政策文件方式对此作出了初步规定，1991年6月，党中央、国务院下发了《关于职工休假问题的通知》，规定各级党政机关、人民团体和企事业单位，在确保完成工作、生产任务，不另行增加编制和定员的前提下，可以安排职工的年休假。“职工休假天数时，要根据工作任务和各类人员的资历、岗位等不同情况，有所区别，最多不得超过两周，休假时间要注意均衡安排，休假方式一般以就地休假为主，一律不准搞公费旅游，也不得以不休假为由为职工发放或变相发放钱物。各级党政机关、人民团体和事业单位职工休假的具体实施办法，由省、自治区、直辖市和各部门制定；企业职工休假，企业根据具体条件和实际情况，参照上述精神自行确定。”在法律层面上有所规定，首次出现于1994年公布的《劳动法》中。该法第四十五条规定：“国家实行带薪年休假制度。劳动者连续工作一年以上的，享受带薪年休假。具体办法由国务院规定。”而国务院对于休假制度，只有1991年6月15日的《关于职工休假问题的通知》中第五条规定：“企业职工休假，由企业根据具体条件和实际情况，参照上述精神自行确定。”这说明我国虽然对带薪休假制度有所规定，但这个制度并不具体，也不完整，而且《劳动法》对不执行带薪年假的处罚是没有规定的，这成为一些企业，特别是经济效益一般的中小企业不实行带薪休假的“挡箭牌”。据了解，有一些国家机关、事业、大型企业严格执行了带薪休假制，但是，也有大部分单位没有严格执行，甚至有些没有告知职工有这种带薪休假制。职工没有享受带薪休假时，既得不到经济上的补偿，也得不到其他轮休的保障。

因此，旧的带薪休假制是一种不完善的，也没有得到广泛执行的半虚半实的制度，也因此，才会有那么多人提出要用带薪休假制代替“黄金周”制度。国务院此次公布的《职工带薪年休假条例》规定，机关、团体、企业、事业单位、民办非企业单位、有雇工的个体工商户等单位的职工连续工作 1 年以上的，均可享受带薪年休假。单位应当保证职工享受年休假。累计工作已满 1 年不满 10 年的，年休假 5 天；已满 10 年不满 20 年的，年休假 10 天；已满 20 年的，年休假 15 天。国家法定休假日、休息日不计入年休假的假期。年休假在 1 个年度内可以集中安排，也可以分段安排。单位确因工作需要不能安排职工休年休假的，经职工本人同意，可以不安排职工休年休假。对职工应休未休的年休假天数，单位应当按照该职工日工资收入的 300% 支付年休假工资报酬。单位不安排职工休年休假又不依照本条例规定给予年休假工资报酬的，由政府人事劳动部门和法律部门介入要求改正或强制执行。该条例自 2008 年 1 月 1 日起施行。

二、假日制度改革的多种建议

大约从黄金周制度实施两年后，就有人提出对它进行改革。除了个别部门坚定认为应该完全保留现行黄金周制度之外，大部分声音都是关于要改革这一休假制度的，只是有些认为需要取消黄金周制度，有些则认为不必取消，在现有基础上加以改进。因此，出现了关于假日制度改革的多种观点。

观点一：建议取消黄金周，实行弹性休假制度，按照地区或行业的差异实行错开式休假制，提出类似观点的有北京联大旅游学院院长赵鹏[①]、中国社科院旅游研究中心刘德谦[②]。赵鹏主张取消黄金周，推行弹性休假制度，同时考虑强制性带薪年假；政府制定春节休假的弹性日期，10 天左右为宜；“五一”、“十一”可保持原先的 3 天假期，遇到周末，则为 5 天；各地方、行业、部门制定不同的弹性休假，同时主张培育、发展传统节日的旅游价值。刘德谦建议，维持目前黄金周的总时长，保证有几天共同假期，其余时间分片集中休假。比如将全国分为 A、B、C 休假区，假定广州和周边地区为 A 区，上海和周边地区为 B 区，北京和周边地区为 C 区，分区分期轮休，A 区 9 月 26 日—10 月 2 日休假，B 区 9 月 28 日—10 月 4 日休假，C 区 10 月 1 日—10 月 7 日休假，认为这样既便于团聚，错开的时间又能缓解全国范围内人口流动对交通、景点的压力。清华大学蔡继明教授建议，增加清明、端午、中秋等传统节日为法定休息日，同时再增加除夕这一天为法定休息日，保留春节黄金周，取消“五一”和“十一”黄金周[③]。他认为黄金周制度带来四大弊端——商家的短期成本剧增，政府公共管理费用增加，对自然景观和历史

---

① 聚焦“建立小黄金周”. http://gb.cri.cn/3821/2005/01/25/1385@433078.htm；旅游局确定暂不设“小黄金周”. 新京报，2005-1-25.

② 刘德谦. 黄金周与中国百姓. 旅游绿皮书：2004—2006 年中国旅游发展：分析与预测. 北京：社会科学文献出版社，2006：140.

③ 清华大学假日改革课题组：黄金周制度存在四大弊端. 人民日报，.2007-11-07；生活观察：我们到底需要什么样的假日制度？. 新华网北京 10 月 23 日.

文化遗迹造成了破坏，不利于政府、企事业单位和学校的正常运转。

观点二：建议实行每月一个小长假，代表人物是国家发改委宏观经济研究院经济运行与发展研究室主任王晓广。他提出取消“五一”、“十一”黄金周，将每周休息两天改为休息一天，剩余的一天一起移至月末一次休息四天,变成月月“小黄金周”。这种观点受到部分民众和学者的支持，但国家旅游局明确表示反对。

观点三：呼吁增加传统节日，并结合传统节日考虑假日制度的改革。有两类不同的细分观点，纪宝成从 2004 年的两会开始，多次呼吁要增加传统节日为法定假期，先后提出要重视民族文化节日，确立清明、端午、中秋、重阳、除夕为法定假日[①]。徐菊凤主张黄金周与带薪休假制度并行，但要从增加假日文化内涵的角度实施黄金周制度改革，建议将“五一”和“十一”两个黄金周分别平移到端午节和中秋节期间实施，而劳动节不再放假。将除夕纳入春节长假，并延长春节长假时间至 9 ~ 10 天。与此同时，要切实推行带薪休假制[②]。

以上各派观点，提出时间有先后，提出方式也有差异。有些是接受媒体采访而提出，有些是作为两会提案而提出；有些是经过认真系统的思考研究，写成论文而提出；有些有较强的可行性，有些可行性则稍差。各种观点经过媒体公布后，相互之间不排除有借鉴之处，同一人的观点先后阐述时，内容上也有演变，这是正常现象。总体上，提出改革方案的最终目的，

① 人大校长纪宝成四次提交议案促进节日放假.（2007–11–09 09：19）. http://www.qianlong.com.

② 徐菊凤 . 黄金周制度改革的创新视角 . 光明日报 • 理论版，2006–1–17.

都是为了能够有一个更加合理的、符合大多数人利益的、也更加科学的假日制度，因此，国家发改委经过多方调研确定的最终方案，就是在综合了多种观点后的一种折中方案，既对舆情关注的黄金周进行完善，也对增加节假日的民族文化内涵予以考虑；既要削减黄金周集中消费带来的弊端，也要考虑人们确实需要集中的假期外出旅游；既保留了黄金周，也增加了对带薪休假的明确规定。改动的具体内容为：新年放假 1 天；春节放假 3 天(含除夕)，清明节、劳动节、端午节、中秋节放假 1 天，国庆节放假 3 天。也就是说，保留了国庆黄金周，春节黄金周提前至除夕开始，取消了“五一”黄金周，将其休息 3 日改为休息 1 日，另外增加清明、端午、中秋各一天为假日，也就是说，总体节假日时间由原来的 114 天改为 115 天，增加了 1 天，将“五一”黄金周的时间拆分到传统节日，从而形成 4 个可连休 3 天的小黄金周。这一方案获得较大多数人的支持，尽管也有少数人对取消“五一”黄金周表示强烈反对①。

三、假日制度改革的意义和影响

我国假日制度在短短的 10 多年时间内，经历了从单休日到双休日，从双休日到 3 个黄金周长假，再从 3 个黄金周长假到 4 个小长假和 2 个黄金周长假的三次改革，这样高频度的假日改革，在国际上可能也是少见的。我们认为，假日制度改革体现出以下几方面的意义：

① 王衍用：黄金周假期只能增加不能取消．(2007–11–09 14:54)．中国网 http://news.qq.com.

（一）体现出我国社会经济的快速发展，节奏和社会经济结构的重要变迁

在传统农业时期，人们的休闲时间相对充足，中国人的假日与时令节气以及文化民俗节日密切相连，千百年来难以变更。然而，从20世纪80年代以后，中国开始进入工业化时期，少数大城市甚至已经进入后工业化时期，短短30年间，我们的社会结构变迁和经济发展的速度，接近西方100年的时间。与经济发展速度相应的是人们对于生产和消费观念的改变。国家在10多年内对休假制度的多次调整，体现出我国在经济生活与政策方面快速与国际接轨。

（二）凸现出民众休息权的增加和生活质量的提升，是基本人权逐步提高的一种表现

现代社会使人们的劳动强度增加，生活节奏加快，竞争加剧，人们的工作和生活压力加大，亚健康人群迅速增加，这是与几千年的传统农业时代的悠闲状态大不相同的，也是与“文革”前后一段时期以思想斗争为中心而无须工作学习的状态大不相同的，因此，增加人们的休息时间，赋予人们更多的自由支配时间用于调节身心，安排个人喜欢的休闲娱乐活动，显然可以提升人们的生活质量。

（三）促进了休闲服务和交通通信等第三产业的发展，有利于调整产业结构

通过假日消费拉动经济增长的思路，在理论上反映出我国政府管理者在生产/消费观方面的飞跃进步，在实践上被证明

是行之有效的。假日消费不仅仅是消费时段的移动，而且在许多方面显然是一种增加性消费，比如旅游消费、餐饮消费等。那种认为每年长假没有带来消费总量增长的结论，是一种没有建立在实证基础上的简单推断，缺乏说服力。

（四）凸现出国家政策制度制定时可以听取民意，反映民意

本次假日制度改革方案制订过程中，有关方面决策者充分听取了民众呼声和专家学者的建议[①]，尽管目前的新方案中，没有充分考虑国情民意为春节假期增加天数是一个最大遗憾，但采纳了大家关于将清明、端午、中秋、除夕 4 个民族文化传统节日纳入假日体系的意见，因此决策者在听取民众呼声上有了很大进步。刚刚过去的 2008 年清明节，是新休假制度实行后的第一个小长假，全国民众扫墓与出游形成热而不爆的有序局面，大家对国家确定清明节为假日一致表示高兴。

将传统文化节日纳入假日体系，有利于弘扬中华民族传统文化，增强中国民族文化特色和民族凝聚力。国际学术界认为，一个国家的经济发展达到一定程度后，没有强大的文化作为支撑，是难以继续高速增长的。中华民族的许多文化传统来自于民间节日。我们有希望看到，经过一段时间的积累，城市人荒疏了半个多世纪的传统节日氛围会再度温馨地回到人们身边，几乎断裂的现代中国人内心的传统精神文化纽带会借此再度连接。

带薪休假制度的强制实施，保障了劳动者休息的权利，是社会进步和国民人权提高的一个表现。从旅游业角度看，它对

① 包括笔者的成果在内的若干份黄金周制度改革建议和研究成果，均提交给了牵头负责此事项的国家发改委，结果表明，这些建议对发改委的最后决策都起到了一定的影响作用。

于游客获得更好的旅游体验、旅游目的地提高服务接待设施的使用效率都有帮助。目前需要关注的是，职工的带薪休假如何与学生的假期相吻合，以带动家庭消费的开展，因为对于有孩子的家庭来说，孩子不可能与家长同步拥有假期。因此，未来一段时间，有孩子的家庭，家长为了能够与孩子同步拥有假期陪伴孩子，有可能在学校统一安排的寒暑假期间，也是职工申请带薪休假的高峰期，形成寒暑假期间的“黄金月”。事实上，这种情况在西方早已出现，尤其是夏季，一般是休假高峰期。中国目前已经出现类似情况，某些气候适宜的度假地如丽江，暑假一直是旅游旺季。但从全国情况看，寒暑假尤其是暑假的旅游旺季，预计将会从 2008 年全面执行《职工带薪年休假条例》后全面呈现。有关旅游服务企业和管理部门应该做好相应的准备工作。

第六章
旅游热点引发的社会问题

“文明旅游”成为流行语，反映了旅游者和旅游从业者的文明问题，折射出旅游的文化本质和旅游对社会文明的促进作用。旅游是社会行为，产生社会互动。旅游者离开自己的常规生活存在空间，其文明素养有了一个新的表现空间。因此要加强旅游者对社会公德和公共空间的认知，其根本要求是提高国民素质。

“门票涨价”成为流行语，反映了旅游企业的经营文化和政府主管部门的管理文化。这涉及对旅游的本质的理解及对旅游的社会价值的理解，也折射出中国社会和经济发展到一个特定阶段的社会现象。分析这些现象及其原因，可以从文化层面加深理解、提高认识，为旅游企业制定正确的经营策略和为政府主管部门制定正确的政策法规提供参考。

第一节　旅游活动反映出国民素质有待提高

随着中国公民境外旅游的逐步开放，越来越多的人前往境外旅游，出境旅游目的地从港澳、东南亚逐步扩展到欧洲、美国。在2006年，媒体上报道了泰国皇宫著名景点内只写给中国内地人看的“请便后冲水”等警示语，引发了国内关于国民旅游素质的大讨论。2006年8月8日，中央文明办、国家旅游局就此专门形成政府文件，联合发布《提升中国公民旅游文明素质计划》，启动提升中国公民旅游文明素质行动。随后，公开向社会征集“中国公民旅游不文明行为表现”和“提升中国公民旅游文明素质建议”，并且颁布《中国公民出境旅游文明行为指南》和《中国公民国内旅游文明行为公约》[①]。2007年1月，中央文明办、国家旅游局、外交部、商务部、公安部、建设部、铁道部、交通部、海关总署、民航总局十部委联合召开新闻发布会，倡导文明旅游。在文新集团的流行语中，“文明出游”也位列2006年年度榜单。

有人认为，以政府文件的形式规范中国公民国内及境外旅游行为，由官方提醒我们在文明方面的欠缺已经达到令人难以忍受的程度，这对素以“礼仪之邦”著称的中国，是一个巨大的嘲讽。

① 中国社会科学院旅游研究中心.2006—2007年中国旅游：热点·前瞻.旅游绿皮书：2007年中国旅游发展：分析与预测.北京：社会科学院文献出版社，2007：34—35.

文明旅游成为维护国家形象、增强我国软实力的迫切需要①。

一、文明旅游的内涵

这一轮行动中公开征集来的中国公民旅游十大不文明行为表现是：

①随处抛丢垃圾、废弃物，随地吐痰、擤鼻涕、吐口香糖，上厕所不冲水，不讲卫生留脏迹；

②无视禁烟标志，想吸就吸，污染公共空间，危害他人健康；

③乘坐公共交通工具时争抢拥挤，购物、参观时插队加塞，排队等候时跨越黄线；

④在车船、飞机、餐厅、宾馆、景点等公共场所高声接打电话、呼朋唤友、猜拳行令、扎堆吵闹；

⑤在教堂、寺庙等宗教场所嬉戏、玩笑，不尊重当地居民风俗；

⑥大庭广众之下脱去鞋袜、赤膊袒胸，把裤腿卷到膝盖以上，跷“二郎腿”，酒足饭饱后毫不掩饰地剔牙，卧室以外穿睡衣或衣冠不整，有碍观瞻；

⑦说话脏字连篇，举止粗鲁专横，遇到纠纷或不顺心的事大发脾气，恶语相向，缺乏基本社交修养；

⑧在不打折扣的店铺讨价还价，强行拉外国人拍照、合影；

⑨涉足色情场所、参加赌博活动；

⑩不消费却长时间占据消费区域，吃自助餐时多拿浪费，

---

① 陈瑾．个人旅游行为与国家软崛起——十部委联合倡导文明旅游带来的反思．旅游时代，2007，(7)．

离开宾馆饭店时带走非赠品，享受服务后不付小费，贪占小便宜。

一项 6 万多人参加的网上调查显示，乱扔垃圾、随地吐痰是中国人最典型的不文明旅游行为，占 57%，见下图。

参与调查的总人数 66 558 人

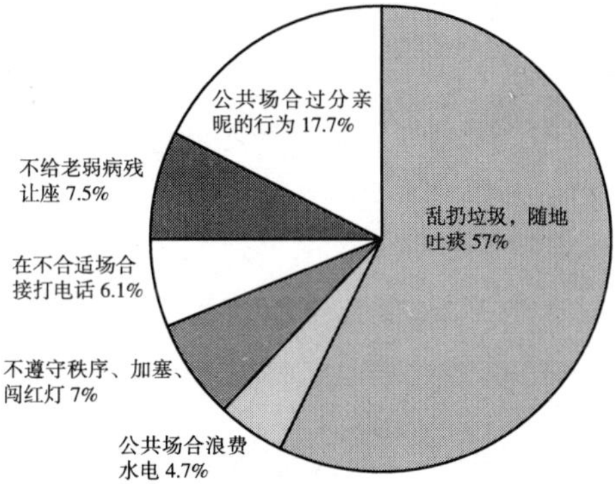

图　中国人不文明行为

资料来源：《河南日报》2006 年 8 月 24 日

概括起来，这些旅游不文明行为可以归纳为如下几类[①]：

①不讲社会公德，包括乱扔废弃物，随地吐痰，在公共场所高声喧哗，不排队等，这些行为或破坏环境，或损害别人利益，在任何文明标准里，均属于违反公共道德的行为。

②低俗娱乐，最典型的行为是在旅游交通工具中讲黄段子、政治笑话。

③违法违章，在国内涉足赌博、色情场所，在文保单位拍照等，均违反了有关规定。穿假名牌、在公共场合吸烟等行为

① 陈瑾．个人旅游行为与国家软崛起——十部委联合倡导文明旅游带来的反思．旅游时代，2007，(7)．

在国内虽然不违法，但在部分国家已经构成违法犯罪。

④入乡不随俗，有些行为本身不存在是非问题，但会牵扯到是否尊重其他国家、地区、民族或宗教的文化习惯。如在泰国摸小孩子的头就是犯忌行为。

因此可以发现，缺乏社会公德是中国公民旅游不文明行为的最突出表现。为引导国民的文明旅游行为，有关部委联合专家拟定出了《中国公民出境旅游文明行为指南》和《中国公民国内旅游文明行为公约》。

《中国公民出境旅游文明行为指南》:

中国公民，出境旅游，注重礼仪，保持尊严。
讲究卫生，爱护环境，衣着得体，请勿喧哗。
尊老爱幼，助人为乐，女士优先，礼貌谦让。
出行办事，遵守时间，排队有序，不越黄线。
文明住宿，不损用品，安静用餐，请勿浪费。
健康娱乐，有益身心，赌博色情，坚决拒绝。
参观游览，遵守规定，习俗禁忌，切勿冒犯。
遇有疑难，咨询领馆，文明出行，一路平安。

《中国公民国内旅游文明行为公约》:

①维护环境卫生。不随地吐痰和口香糖，不乱扔废弃物，不在禁烟场所吸烟。

②遵守公共秩序。不喧哗吵闹，排队遵守秩序，不并行挡道，不在公众场所高声交谈。

③保护生态环境。不踩踏绿地，不摘折花木和果实，不追捉、投打、乱喂动物。

④保护文物古迹。不在文物古迹上涂刻，不攀爬触摸文物，拍照摄像遵守规定。

⑤爱惜公共设施。不污损客房用品，不损坏公用设施，不贪占小便宜，节约用水用电，用餐不浪费。

⑥尊重别人权利。不强行和外宾合影，不对着别人打喷嚏，不长期占用公共设施，尊重服务人员的劳动，尊重各民族宗教习俗。

⑦讲究以礼待人。衣着整洁得体，不在公共场所袒胸赤膊，礼让老幼病残，礼让女士，不讲粗话。

⑧提倡健康娱乐。抵制封建迷信活动，拒绝黄、赌、毒。

二、旅游不文明行为产生的原因

从社会学角度看，人们在旅游时所处的状态是人们在离开自己常规生活之外的一种非常规生活状态。西方社会学创始人之一的杜尔凯姆（Durkheim）有三个观点已被广泛应用到旅游社会学研究领域，其中之一就是反常（anomie）理论，又称失范理论。该理论认为，旅游客源产生地生活的高度紧张与压抑——“不正常”现象的表现之一，使得旅游者不断“逃避”现代文明带来的沉闷的日常生活而暂时投入到异地新的文化环境中。由于角色身份的转变，旅游者在旅游过程中再现出各种“荒诞怪异”的行为，如成年游客玩耍稚气游戏、慷慨富有的游客过上农家生活、游客身着艳丽奇特的民俗服饰狂歌劲舞于夏威夷海滩等[①]。当然，反常理论也包括了对赌博、嫖娼等失范行为的研究。国外有学者

① 黄福才，张进福．旅游社会学研究的理论流派．厦门大学学报（哲学社会科学版），2002（6）．

还对性与旅游进行了较深入的探讨。因此，在旅游领域，反常行为反映了旅游客源地社会一种普遍的不正常现象。

反常理论是否可以完全解释中国公民旅游的不文明行为呢？当人们身处暂时停留的空间时，容易对自己的约束更加放松,认为可以不拘小节。但仔细分析,就旅游者的行为表现来看，其反常的表现与社会学意义上的反常还不完全是一回事。它不是反游客日常行为之“常规”，却恰恰是在与他们日常生活中的行为表现基本相同，只是在不一样的社会文化环境发生了这些他们认为很“常规”的行为，并且被与其他国家和民族的旅游者放在一起比较观照，由此才凸显出我国游客行为的“反常”，因此，此“反常”并非彼“反常”。需要从另外一些更基础的层面分析这些现象产生的原因。

第一，这源于中国人自古以来缺乏公德意识和公德要求。余秋雨认为,国人缺乏公德心,是因为人们长期受“朝廷”和“家庭”的“两庭（廷）”模式的影响，对公共空间缺少认知。比如一个农村妇女在公共场所随地吐痰，不能说没有道德，但绝对是缺乏公德的表现，对公共空间缺少认知。而美国孟菲斯大学历史系教授孙隆基在解释这种现象时，则深入国民的生活细节中探究根源。他认为这是中国的大人一般习惯让小孩子穿“开裆裤”，随时随地大小便。受这种教育长大的人，自然会产生当众挖鼻屎、搓脚泥，吃饭时将骨头吐在桌子上，随便丢垃圾，对身体的动作不去控制等现象[①]。这是我们国家在社会制度和人格要求上的缺陷所造成的。“溥天之下，莫非王土”，天下不是百姓的，天下的事也跟百姓没有关系。社会公德是人们在公

---

① 叶扩.“到此一游”源于公序认知缺乏.（2007-11-30 08:34:20）.四川在线.http://www.scol.com.cn.

共空间和秩序里遵守的道德。中国没有经历过公民社会，新中国成立以后对人们进行的教育，也重在政治思想而非公民道德，因此，中国百姓一直把国家和公共空间当做与他们利益无关的“身外之物”，无须具备公德，也没有人这样要求（或教育）他们，需要的只是服从。因此，人们对公共秩序缺少认知，会随心所欲地把私人生活中的老毛病带到公共场所里来。更有甚者，在不少人的观念中，受传统思想影响，还把一些不文明行为——比如大声说话、吐痰看做是“身份”和“威风”的象征，如同我们在电影中看到的那样。

第二，中国长期贫穷，资源供给不足导致人们形成争抢习惯。近代 100 多年以来，中国长期处于贫穷和资源短缺状态，这种供不应求的状况客观上造成了国人“争抢”的行为方式。目前，虽然吃不饱穿不暖的时代已经过去，但在新时代，人们对新生活和高尚生活的需求仍然旺盛，当公共物品的产权界定不清晰的时候，人们长期形成的习惯性的“争抢”就会显现出来，挤公交车、插队即其表现和结果[①]。

第三，旅游业发展时间短，旅游者出国旅游经历不足，行业部门对游客缺乏管理和引导。我国的旅游产业发展起步晚、发展迅猛，出境旅游仅仅开放了十多年时间，人们外出旅游——尤其是出境旅游的经验还不多。同时，旅游行业管理部门和旅行社缺乏对游客的有效管理和引导，对文化差异大的目的地国信息介绍、传播不足，间接引发游客不文明行为在“无知”的状况下频频发生。

① 肖佑兴．论旅游者不文明行为及其规范．法制与社会，2007，(8)．

三、不文明旅游行为的影响

中国游客的不文明旅游行为，不只是游客的个人问题，它作为一种群体表现，会产生一系列的社会和环境影响。

（一）损害中国人的整体形象

旅游是窗口行业。文化差异是构成旅游吸引力的重要原因。尽管各国交往日益频繁，但旅游作为“民间大使”的角色一直受到各国重视。旅游活动可以增进各国民众之间的相互了解，各国旅游者可以通过接触目的地国的居民与文化资源，增进对目的地国的了解；反之，各国民众也可以通过接触、观察各国来访游客的行为举止，来获得对客源国人民的印象。因此，出国旅游者明显地成为所在国的形象代表，言行举止不仅是个人行为，而成为整个国家人民道德与文化素养的群体性代表，直接影响到该国的文化形象。中国旅游者在国外的不文明举止之所以在国内引起这么大反响，原因也在于此。

（二）败坏旅游道德风尚①

游客社会公德不文明行为还可能进一步败坏旅游道德风尚。大众心理学有个“破窗效应”：如果有人打坏一栋建筑上的一块玻璃，又没有及时修好，别人就很可能受到某些暗示性的纵容，去打碎更多的玻璃。这种“从众心理”会相互感染扩散成一种

① 林育彬，冯斌，马海云．游客社会公德不文明行为的“隐性成本”探析．管理科学文摘，2007，（12）．

群体行为。比如闯红灯，当有人看到身边的人在闯红灯时，也会“自觉”地“追随而去”，进而恶化成红灯如同摆设的交通窘境。同样，游客社会公德不文明现象的发生，使原本干净的旅游环境变得恶劣，这种对外部良好环境的破坏又进一步刺激了不文明现象的产生，循环往复，加剧旅游道德风尚的沦落。

（三）破坏旅游地资源和环境，引发东道主的反感

旅游者的不文明行为，不仅破坏当地有形的资源、景观与环境，而且还会对当地旅游资源和旅游环境造成难以修复的损坏。对于当地无形的社会风俗习惯等文化环境的无视和冲突性行为，则容易引起当地居民的反感，深化与旅游地居民之间的矛盾。旅游者虽然可以具有自身的文化特点，但如果发生不尊重当地的生活习惯、风俗习惯，败坏道德风气的行为，则容易形成与旅游地居民的对立，造成当地居民对某类旅游者持有不欢迎的态度，而旅游地居民态度，又是现代旅游者选择旅游目的地的重要因素之一，因此双方这种对立矛盾对旅游业的发展的损害是不言而喻的。

（四）影响游客审美体验

旅游在根本上是一种主要以获得心理快感为目的的审美过程和自娱过程，审美和自娱是旅游的内核，美学家叶朗也认为：“旅游，从本质上说，就是一种审美活动。离开了审美，还谈什么旅游？旅游涉及审美的一切领域，又涉及审美的一切形态。旅游活动就是审美活动。”[①] 旅游不单从旅游景观中获得美感，

① 林育彬，冯斌，马海云．游客社会公德不文明行为的“隐性成本”探析．管理科学文摘，2007，(12)．

它还在吃、住、行、购、娱诸方面获得生活乐趣，它是一种综合性的审美享受。旅游活动同时还是一项游客高度参与的体验性活动，旅行伴侣在旅行过程中的种种不文明行为，也容易破坏同行旅游者的旅游审美质量，影响游客的审美体验。

四、实现文明旅游的对策建议

（一）在舆论层面大力宣扬社会公德，倡导文明旅游

社会公德的形成，有一个长期和大力倡导的过程，遵纪守法、相互尊重、诚实守信、文明礼貌、遵守公共秩序等社会公德是旅游者道德形成和发展的基础，是旅游者行为的规范。这些行为规范和行为价值观，需要成为整个社会都知晓、整个社会都认可的主流价值观与行为规范，这样才可能深入到广大旅游者心中，并转化成旅游者的行为。如此，国家制定的文明旅游行为指南与行为公约，也才能真正产生实效。因此，媒体的作用不可轻视。仅靠一阵风似的宣传与关注是不能解决问题的，必须是持续性的、深入的、全方位的关注，才可能取得效果。

（二）普及旅游教育，让旅游行为规范进入课堂

旅游普及教育，是指有别于正规的全日制的学校教育和专门培训教育，而是指通过其他不同方式，将旅游的新理念、旅游中自身行为约束的观念传递给人们，这种传递更多是潜移默化的而非强行的。当前我国的旅游教育，特别是针对广大国民的大众普及教育仍然缺乏。而国外这方面的发展走在了前列，例如美国教育局早在 1918 年就将休闲教育列为高中教育的一条

中心原则[①]。通过这种普及型的旅游教育，不仅能够传达正确的旅游观念，普及良好的旅游行为规范，提高旅游者的素质修养，而且可以培养出相应的旅游爱好者，提升更多旅游者的品位。

（三）完善旅游信息系统，增加旅游服务设施供给，构建清晰的旅游标志系统

政府和旅游企业应该共同构建完整的旅游者所需要的旅游信息服务系统，包括旅游信息中心、标志系统、旅游网站、旅游手册、旅游地图、旅游活动要求与行为准则等，通过公益公告、平面媒体、互联网、行前通报会、行前旅游须知等渠道来引导游客的合理行为，向旅游者介绍旅游资源、旅游景点、旅游企业以及旅游目的地的各种情况，包括旅游者在旅游过程中应注意的事项、环保政策、社会行为规范、当地的消费习惯和社会习俗及价值观等有关问题，对游客进行生态知识、游览规范等的教育和引导，合理引导游客行为。

（四）关注旅游者需求，对游客进行有效管理

游客管理是近年来国外目的地管理的热点内容，但在我国，游客管理还没有被提上各旅游景区和旅游目的地的议事日程。游客管理需要以旅游者需求为导向，进行有效的引导和组织管理，通过许多专业化的细致安排，有效引导游客进行有序旅游，深入体验，既为游客创造美好的旅游经历，也为当地创造良好的经济和社会效益。国内旅游景区对于游客不文明行为的反映虽然没有国外的强烈，但事实上是同样存在的，同样需要对游客的行为进

① 肖佑兴．论旅游者不文明行为及其规范．法制与社会，2007，（8）．

行有效引导。以下建议可以作为参考[①]：(1) 设置有趣味的环保项目。通过创造性地设计一些集知识性、娱乐性、趣味性、环保性和参与性于一体的活动项目，使游客在生动有趣的活动中获得潜移默化的环境保护教育，营造保护环境与景观、遵守游览规范的良好氛围，从而使游客可以约束自己的不文明旅游行为。(2) 引导和转化旅游者不文明行为。旅游者爱四处乱涂画，虽然是低素质的一种折射，但同时也是“人过留名，雁过留声”心理的一种不良宣泄，是一种追求旅游行为见证的畸形行为，有其心理学上的合理成分。对这种行为可善加引导、转化，如设置一些旅游者参与性强的项目，或组织游客参加植树等有纪念意义的公益性劳动，或组织一些有个性的旅游地纪念品出售，证实游客曾到此一游，甚至可考虑设置涂鸦区，由其宣泄。(3) 设置人性化的标语。如旅游区多使用富于情感性、有文化底蕴、亲切宜人的倡导性口号，尽量不用或少用生硬的禁止性条文，使旅游者心理上易于接受，减少逆反心理的发生，比如改变“严禁”、“罚款”之类的标语。

旅游本身是一种培养心性、增长见识的过程。研究文献显示，20年前的日本人，曾经也是令人厌烦的国际游客。然而，经过几十年的历练，目前的日本人已经成为国际旅游界最受好评的游客[②]。希望中国游客经过一段时期的历练，也能成为国际上受欢迎的游客。据《国际先驱导报》报道，中国游客的国际形象已经有所改善[③]。在印度尼西亚巴厘岛，中国游客正在向西方人学习，不但遵守秩序学会了排队，而且要进行休闲体验式度假旅游，尽管还存在大声喧哗的现象，但中国游客的文明程度确实在提

① 肖佑兴．论旅游者不文明行为及其规范．法制与社会，2007，(8)．
② 日本人当选世界最佳游客 中国人倒数第三．中国青年报，2007-08-25.
③ 赵金川，郭春菊，刘历彬．媒体称中国游客海外形象有改善．国际先驱导报，2007-3-7.

高。在埃及，中国游客逐渐从匆匆观光游览，过渡到深度文化游。已经有越来越多的游客行前会做好“功课”，以提升旅游质量。

第二节 门票涨价凸显旅游消费者利益需要保障

我国实行黄金周制度以来，火爆的旅游行情让各地旅游景区管理部门眼红，各地旅游景区门票价格每隔一两年就轮番上涨一次，导致消费者支出增加，叫苦连天。

一、门票涨价现象始末

2004 年 11 月 30 日，北京市发改委在京召开了调整“世界文化遗产游览参观点门票价格”听证会，同意北京故宫、天坛、颐和园、八达岭长城、定陵、长陵等景点门票价格从下一个黄金周开始大幅度上调，其中，故宫涨价的方案为：淡季门票价格从每张 40 元调整为 80 元，旺季由每张 60 元调整为 100 元，分别上涨 100%和 66%。

这一消息公布后，在全国引起极大反响[①]。一方面，社会公众发出强烈抗议，网络调查显示，九成被调查者反对涨价，专

① （2004—12—10）.http://news.sina.com.cn/z/zympzj.

家学者也纷纷发表意见，对其涨价动机和理由提出质疑。因此，这一涨价方案最终未能执行。另一方面，尽管北京景点涨价的计划已经流产，但仍然极大地刺激了全国各地景点涨价的热情，全国各大知名景点以此为借口，在 2005 年掀起了门票涨价高潮。黄山风景区门票价格旺季由 130 元调整为 200 元，淡季门票由 85 元调整为 120 元；九寨沟风景区和黄龙风景区门票分别从 145 元 / 人和 110 元 / 人上涨到 200 元以上 / 人和 180 元以上 / 人（旺季标准）；张家界门票由 158 元涨至 245 元；武当山门票由 70 元涨至 110 元；就连红色景点井冈山门票也从 100 元涨为 150 元；因《西游记》而闻名的江苏省连云港花果山，2005 年“五一”前夕，景区门票也从 60 元涨至 100 元。

表 6-1 部分景区门票价格近年上涨一览表 单位：元

景区名称	原来价格（淡季—旺季）	现在价格（淡季—旺季）
黄山风景名胜区	85—130	120—200
张家界风景名胜区	158	245
九寨沟风景名胜区	110—145	180—200
喀纳斯自然景观保护区	130	150
敦煌风景名胜区	120	140
庐山风景名胜区	180	230
武当山风景名胜区	70	110
井冈山风景名胜区	100	150
青岛崂山风景名胜区	30	70
故宫博物院	40—60	
八达岭长城	35—40	
十三陵定陵	40—60	
颐和园	20—30	
天坛公园	15—20	

资料来源：根据相关资料整理而成。

上述景点价格，都已经远远超过北京六大景点现有的价格。尽管有些景区的门票价格是综合性的，如张家界、九寨沟的门票价包含了环保交通车的费用，但总体价格之高是空前的，与国外景区价格相比，更是普遍高出其相对价格的数十倍。国外世界遗产及国家重点景区，秉承以弘扬民族文化、实施教育功能为主的原则，门票价格不超过人均月收入的 1%，并且对学生、老人等实行免费。比如，日本的绝大多数景点景区基本都不收门票，金阁寺门票算是最贵的，折合人民币也才 70 元；在意大利，最贵的景点门票价格也不足人均月收入的 1%，而这些国家的国民收入无一例外都超过了中国。与之相比，我国景区门票价格偏高，占城市居民人均月收入的 7.6%，占农民月收入的 32%。

表 6-2 世界各国景区门票占人均 GDP 份额

国名	人均GDP (本国货币)	国家公园门票 （本国货币）	百分比 门票/人均GDP
中国	9 128	802	0.9
美国	37 746	203	0.05
日本	3 912 185	4	0
韩国	15 208 642	16 005	0.01
加拿大	38 842	76	0.02

资料来源：高海源，中外景点门票价格管理之比较．价格与市场，2006，（4）.

事实上，景区门票涨价从更早时候就已经开始，1994 年和 2001 年分别有过两次小幅度调整，少数景区还有过多次上调的过程，例如，水乡周庄的门票价格短短几年内一再飙升，从最开始的 30 元、48 元、50 元、60 元、68 元到 2004 年 9 月，已经上涨到 100 元。但是，个别景点门票的大幅度涨价，并没有带来全局性影响，而北京六大世界遗产酝酿集体涨价，则如同多米诺骨牌倒下了第一张，带来了 2005 年的门票涨价风波。

不但如此，门票涨价之风在 2005 年以后还持续出现。2006 年和 2007 年，全国陆续还有不少景区景点的门票价格实行了上调。昆明石林旅游景区门票 2006 年从 80 元一路涨到 140 元；济南三大景点趵突泉、大明湖、千佛山在 2005 年“十一”节前欲突击涨价被物价部门叫停，2006 年夏季再度酝酿涨价成功。2007 年的“五一”黄金周前夕，许多旅游景点又掀起新一轮涨价之风，庐山门票从 4 月 1 日起，单价从 135 元涨到 180 元，崂山门票从 50 元涨到 70 元，曲阜“三孔”的门票从 105 元上涨到 150 元；4 月 28 日起，泰山门票价格从 102 元上涨到 125 元；5 月 1 日起，新疆的乌尔禾魔鬼城风景区的门票从 10 元提高到 30 元，敦煌也首次将淡、旺两季的门票价格区分开来实行，从 5 月 1 日至 10 月 31 日，莫高窟门票的旺季价为每人次 160 元，比此前高出 60 元。

因此，从 2005 年以来，景区门票的上涨集中体现在两个方面：一是涨幅大，平均上涨幅度在 50%左右；二是速度快，大部分景区两三年一涨，有的甚至是一年一涨。

2005 年底，广州市政协主办的《共鸣》杂志在评选“2005 中国十大暴利行业排行榜”时，旅游业甚至取代了传统的“暴利大户”高速公路和汽车行业，以第七名的“骄人”成绩稳居“暴利大户”榜中[①]。这是该刊自 2002 年以来第 4 次对中国的暴利行业进行评选。旅游业也成为百姓心目中的“暴发户”，颇让人惊讶。

---

① 杨丽媪．暴利旅游．百姓，2005，(12)．

针对门票涨价风波，国家发改委在 2005 年 5 月 16 日下发了《关于进一步规范游览参观点门票价格管理的通知》[①]规定对国内外享有较高声誉的重要游览参观点门票价格的制定和调整要实行公开听证。2007 年 1 月 29 日，发改委发出旅游景点门票价格“限价令”，要求门票价格应充分体现公益性，规定票价 50 元以下的景区一次提价幅度不得超过原价的 35%，票价 50 元至 100 元的景区涨幅不得超过 30%，票价 100 元至 200 元的景区不得超过 25%，票价 200 元以上的景区不得超过 15%。尽管发改委这一规定的意图在于约束景点的涨价幅度，但同时也可以被理解为允许或者鼓励景区在有限的幅度内不断涨价。这或许是政策制定者始料未及的。

二、门票涨价原因分析

旅游景区门票上涨风潮的出现，既有宏观先决性的原因，也有景区主管者主观认识上的原因。

（一）宏观背景因素

一方面，从宏观因素上看，国民经济的持续发展使民众可支配收入大幅度提高，双休日和黄金周长假制度的实施极大地激发了国民的旅游热情，使旅游业呈现爆发式增长，从 20 世纪 80 年代以来，旅游业的增长速度一直超过国民经济的增长速度，迅速成为许多地方经济的支柱产业。另外，中国所拥有的 13 亿

① （2007-4-17）.http://www.lotour.com.

人口，意味着有巨大的市场机会。强劲的市场需求现状，为旅游景区门票上涨提供了充足的底气。

另一方面，是景区门票定价规制的变化。在中国走向市场经济过程中，旅游景区门票价格制定权限开始下放。2000 年 8 月和 9 月，国家计委分两批将直接定价管理的北京故宫、颐和园等 20 个国家级特殊游览参观点门票价格管理权限下放到景点所在地省级价格主管部门。半年多以后，龙门石窟、泰山、颐和园、天坛、八达岭长城、故宫、敦煌莫高窟、石林、陕西历史博物馆、西安碑林 11 个景点的门票价格就开始上调，上调幅度在 30% ~ 40%，最高票价为 80 元①。与此同时，个别生态环境敏感的自然景区，如九寨沟的门票已经达到 115 元；而此时期某些完全依靠创意和企业投入而产生的旅游景区，如深圳的锦绣中华和世界之窗的票价也仅在 70 ~ 100 元。依托国家资源而形成的旅游景区门票定价权的下放，为景区门票价格的上涨提供了更方便的条件。

景区门票价格上涨的这两个原因是客观条件造成的，有一定的必然性。

（二）主观认识问题

还有一些原因，是主观认识和管理体制上的问题造成的，对此，景区管理部门和业界学者及广大民众的看法存在分歧。旅游景区所提出的门票涨价的原因，概括起来有如下方面：

——为了提高景点的旅游质量，体现一流资源的价值；

——为了增加经费，用于资源的保护和维护；

① 七省、市调整 11 个国家级特殊游览参观点门票价格．价格与市场，2001，（9）．

——为了利用价格杠杆调节客流，避免过分拥挤。

这些理由却无法得到社会公众和专家学者的认可[1]，原因如下：

第一，资源依托型景区属于准公共产品，不能参照某些纯粹市场型景区门票的价格定价，市场规则不应该成为其主导规则。遗产类景点本来没有消费特征，完全是自发而生或存在的，只是由于人们价值观的缘故而在一定历史时期成为旅游资源的，这类景点是社会公益事业的一部分，其社会效益应该是放在第一位的。因此，世遗景点的门票价格不应该由市场决定，也不一定需要“参照其他景区的门票价格”进行定价。再者，遗产类公共资源保护应该由谁来买单呢？或者是政府公共财政，或者是企业和使用者，肯定不能是社会公众和一般的旅游消费者。

第二，遗产类景点的门票收入并没有完全用于资源保护，以此作为涨价理由并不充分。当前，国内大部分遗产类景点门票收入直接进入当地财政，其中只有少部分返回作为遗产保护经费。以北京世界遗产为例，八达岭长城40%的门票收入被纳入了延庆县的财政收入，十三陵30%的门票收入作为了昌平区的财政收入，八达岭长城一年的门票收入是1.06亿元，40%就是4 000多万元，十三陵一年的门票收入是1.5亿元，30%也有5 000万元。张家界武陵源核心景区158元门票收入中，真正用于资源保护的只有8元，另有47元要用来弥补“景区管理成本”，其代价是资源保护的6倍左右。

① 有关观点，参见张朝枝．辨析世界遗产地门票涨价．价格理论与实践，2006，(4)；吴人韦，扬继梅．我国遗产旅游开发的问题、误区及对策研究．旅游科学，2005，(2)；依绍华．对景区门票涨价热的冷思考．价格理论与实践，2005，(1)；魏雅华．景区涨价是用国有资产掠夺全体国民．环境经济，2007，(5)．

第三，遗产性景点价格上涨，不能从根本上抑制客流。由于遗产类景点如长城、故宫、九寨沟、黄山等是举世闻名的名胜古迹，对于远道而来已经花费不菲的游客来说，不可能因为此类景点门票价格的调整而抑制他们对其的消费需求。因此，这样的景点门票价格是刚性的，利用价格杠杆手段对此类产品需求进行调节，完全无效，也就很难达到利用价格杠杆控制超负荷的客流量这个目的。

第四，旅游景区拒低收入者于门外有失公平。遗产类景区是属于全国乃至全人类的财富，是一种公共资源，为了让更多的人能够享受到这种资源，目前，在国际上存在着降低世遗景点门票价格，甚至免费开放的趋势。高价门票会将一部分低收入者拒之门外，这是有失公平的。

（三）其他视角的分析

深入分析门票涨价背后的深层次原因，实际上是部门利益和地方利益的驱动使然，是靠山吃山、靠水吃水的心理在作怪。目前国内各景区的产权归属不一，有的归政府直管，有的归园林或文物部门，有的属于企业开发经营，而实际操控权和决定权都掌握在地方利益集团手中。一些地方政府为了增加财政收入，纵容景区门票一涨再涨，导致景区“贵族化”，以至于不少景区变成了地方财政的“印钞机”。

景区景点门票涨价，是地方利益对公共利益的侵夺，是有关部门利用国有资产剥夺全体国民。遗产类景点是国有资产，全体国民是该资产的合法主人。当然，知名旅游景点是稀有资源，适当收取维护和管理服务费是可以的，但过于昂贵的门票，其实就是仆人对主人的掠夺。

从定价权利角度看，遗产类景点作为一种稀缺的资源，具有公共属性，理应属于全民所有，将其作为商品来经营旅游产业，绝不能以地方利益损害公共利益。作为公益性场所，景点的修缮、维护等，涉及巨额资金投入应该由政府负担。而提高门票价格，则意味着旅游者担负了遗产类景点的成本。这并不是旅游者应该支付的。

从定价方式看，目前许多景点虽然按国家发改委要求，在涨价前都举行了价格听证会，但听证会的人员选择和会议方式，存在“本地人听证，外地游客买单”的现象，听证会的公开公平公正没有得到保证。这使得那些原打算暗自涨价的景点似乎突然找到了名正言顺的理由，纷纷借着听证会理直气壮地挑起门票涨价风。国家发改委最新的限价通知，由于明确了上涨的幅度，只要在容许范围之内景点门票就可自由上浮，而不会受到任何干扰。因此，人们怀疑有关部门此次“限价”的通知，实际上成为了景点涨价的政策依据。而且，对于没有按照规定价格执行的，出现问题后如何处罚，更没有具体的措施和操作细则。

要解决景区门票疯狂涨价的问题，首先需要对景区产品的公共属性有一个清醒的认识。其次，需要有合理的制度安排。需要研究遗产类景点管理的制度安排，合理处理营利性经营与公共福利之间的矛盾问题。另外，为了防止条块分割等现象的出现，各景区应该在政府的领导下设立统一的管理机构，将各利益主体组织起来，通过各利益主体的博弈来解决外部性问题。

三、门票涨价带来的影响

在旅游已经不再是少数特殊阶层的特殊享受，而是大多数工薪阶层和一般百姓的精神文化必需品的当今时代环境下，门票涨价所带来的影响，也不再是小事，而是一件涉及面广泛的大事情。具体分析，门票涨价所带来的影响体现在以下方面：

（一）过高的门票价格剥夺了低收入者享受国家自然和文化遗产的权利

不断上涨的旅游景区门票价格，使风景区成为普通收入者的禁区。2007 年，我国城市居民月均可支配收入 1 148.8 元，一张 100 元门票相当于月均可支配收入的 9%；我国农村居民月均纯收入 345 元，一张 100 元门票相当于月均纯收入的 29%，而发达国家景区门票价格一般只占人均月收入的 0.5% ～ 1%[①]。

（二）混淆了公共产品性质景区与市场化产品景区两类不同景区的性质，政府成为最大的借公共资源为自身牟利者

遗产类景区普遍属于公共产品，这类景区的第一重要使命，不是赢利，而是向公众传播历史文化知识和自然知识，让大家只付出很少甚至无须付出门票费即可享受到这些知识。景区门票价格上涨之后，普遍剥夺了社会公众应该享有的欣赏国家自然文化遗产的权利，这对于国民热爱祖国大好河山、了解中国

① 叶檀．国内景区门票为何越来越贵．新京报，2008-4-1.

历史文化形成阻碍。

（三）带来恶劣的定价示范效应和破窗效应

既然对景区门票涨价没有硬性限制，拥有景区定价权的各地政府，就可以对当地具有一定垄断性价值的景区门票无限涨价，让一分质量一分价格的定价标准失效。反过来，知名度大、级别高的景区的经营管理者，在面对知名度低的景区却可以将门票价格定得很高的现象时产生心理不平衡，也会涨价，导致景区价格轮番上涨无尽头。

（四）导致政府管理部门公信力下降

听证会和发改委的限价令形同虚设，导致政府宏观管理部门的公信力下降。

因此，在国家财力有明显增强，而景区门票价格涨无边际的当前形势下，国家有关决策部门亟须对景区门票涨价现象急刹车，要求定价过高的景区将门票价格回调，还原遗产类景区的使命与职责。

小 结

本书以流行语为视角研究了近几年的旅游流行文化。流行语之所以受到关注，在于它们较大程度上反映了当下社会的流行现象，而任何一种现象能够流行，除传媒商业化的大肆炒作外，其背后必然有深厚的社会文化背景作为支撑。因此，对流行语的观察，也是对流行文化和大众文化的观察，是社会学和文化学必须关注的一个重要领域。正如有的学者所指出的，社会学的创建者韦伯和杜尔凯姆等对流行文化影响人类和社会的作用几乎都未给予重视，他们研究的文化更多的是传统的价值观和行为规范；而信息技术、因特网和大众传媒的发展，已使流行文化对社会和人们行为的影响越来越大，流行文化已越来越成为现代社会的重要现象。如今，流行文化的研究已经成为英国大学教育中的课程，并吸引了人文和社会科学领域中许多学者的关注，而对闲暇的研究成为其中的重要方面。因此，对旅游的研究，在以往我们熟悉的社会学和人类文化学的基础上，又可以增加文化社会学视角的观察。

相对于西方国家旅游研究已经引起社会学和文化学比较深度的介入，我国的社会学和文化学界对旅游的关注还几乎处于空白状态。事实上，旅游作为一种精神文化活动的现象，一直获得高度认可，但在我国近 30 年的产业运行和研究体系中，旅游的经济属性过于强势，很大程度上掩盖或代替了旅游的文化属性，因此经常导致行业管理和企业竞争无视旅游的文化属性，忽视了从消费者文化需求的角度制定决策。例如，我们以往对于“黄金周”过于强调其旅游经济价值，而几乎忽略了旅游者的体验和感受，管理层对于消费者的不满和文化界人士增加传统节日的呼声缺乏回应，因此导致“黄金周”制度被动变革，甚至“黄金周”这个只体现企业收益的概念也一定程度上让大众反感。事实上，从产业分类来看，2002 年我国新制定的国民经济统计系统，已经取消了以前一度存在的“旅游”类别（尽管其实际范畴只指旅行社业务），而将旅游、休闲、娱乐等产业一起调整到新划定的《文化及相关产业分类》中，在该分类中，旅游业的范畴包括：旅游文化服务、旅行社、风景名胜区管理、公园管理、动植物观赏服务、娱乐文化服务、室内娱乐活动、游乐园、休闲健身娱乐活动，覆盖范畴明显扩大，类别归属也更为清晰并符合逻辑。因此，目前旅游产业在总体上被视为文化类产业（酒店住宿业除外），这符合旅游产业的本质属性，也拉近了旅游与休闲产业的距离。从学术研究和行业管理的角度上，这也为人们提供了新的视角和启迪。

结　论

本研究的创新之处在于以旅游流行语为切入点，运用社会学理论研究了旅游文化与社会发展的关系。用这个新视角探讨的问题是：(1) 流行语反映的旅游现象；(2) 旅游现象和社会运行机制的关系；(3) 旅游活动对中国当代社会生活的影响；(4) 课题组提出的对策；(5) 本书对社会学的贡献。运用文化分析方法把旅游文化特质整理为旅游文化集丛，展示了21世纪初我国旅游活动和旅游产业兴起、成长、形成规模的发展过程，揭示了旅游文化对大众社会生活方式的改变和当代社会变迁的作用。

一、流行语反映的旅游现象

本书第一章第三节对2004年至2007年中国主流媒体和文新报业集团发布的和旅游相关的流行语做了归类和分析，展示了近年来的旅游现象是什么。正如导论中谈到的，这些流行语是权威机构经过科学处理的客观可靠的语言资料，可以作为定量分析研究资料。这种运用语言学界公布的流行语作为数据，用社会学的理论和方法对此加以描述、分析、解释、概括和预测的研究范式，避免了在收集数据方面的重复劳动。

流行语的形成是一种社会文化现象，是一个时间段某个社会热点问题的反映。21世纪前几年有关旅游的流行语比较集中，而这一时期中国的旅游业形成了快速发展的态势和转型的需求。这种态势和需求转化为文化现象，就形成流行语。这本质上是一种社会互动。认真追踪和研究这种现象，从中寻找出流行语所反映的社会现象、社会心态、社会热点，对政府的管理和企业的经营都会有很好的启示。因此，对流行语应有一定的“敏感度”而不能忽视。自从2003年主流媒体发布流行语后，流行语日益受到社会各界的关注。2010年国家社科基金社会学课题指南中列入“流行语的社会学研究”，说明社会学界也把探讨流行语反映的社会问题纳入了研究日程。

近年来出现的旅游流行语基本反映了我国改革开放以来社会转型期的旅游状况，例如：旅游热点、旅游方式、旅游管理、旅游问题等，这些现象不仅是旅游业内的事情，同时也反映出旅游对国民经济的贡献、旅游对政府机构和社会政策的影响、旅游对社会成员休闲方式和消费理念的改变等。旅游流行语不仅涉及丰富的自然地理常识、历史文化知识和民俗民情，还反映出随着人们思维方式突破、技术进步引发的表面为旅游现象，实质是社会结构和生活方式的改变。

二、旅游现象和社会运行机制的关系

社会运行机制是指人类社会在有规律的运动过程中，影响这种运动的各组成因素的结构、功能及其相互联系，以及这些因素产生影响、发挥功能的作用过程和作用原理，简要地说，也就是社会运行“带规律性的模式”。

旅游在社会结构中的地位日益重要。2007 年我国国内生产总值约 25 万亿元[①]，旅游总收入突破 1.09 万亿元[②]，占国民经济的 4% 以上。在我国政府组织中不仅设立专门管理机构——中国国家旅游局，还增设了中央层面的旅游协调机构全国假日工作办公室。

旅游在社会运行机制上的功能主要体现在刺激消费，拉动内需。例如近年来开发的特色旅游——农家乐、乡村游、红色旅游等，既丰富了游客的旅游项目，还增加了贫困地区的收入和就业机会。自驾游、自由行等旅游新方式的流行，拉动了我国的汽车生产和销售，对我国汽车产量位居世界前列起了重要作用。

三、旅游活动对中国当代社会生活的影响

旅游现象也折射出当代中国的技术进步、社会政策的变化、公民休闲方式的改变、错综复杂的利益关系和产生的社会问题。例如：青藏铁路通车使西藏旅游成为国内旅游热点，和谐社会的确立使我国公民出境旅游、港澳台旅游成为可能，零负团费、门票涨价反映了旅游活动中消费者和管理者之间的利益纠葛，文明旅游等规则的制定说明我国旅游者的素质有待提高。黄金周期间全国 10% 以上人口的出游盛况，以及由此产生的利弊，不只凸显出旅游日益成为社会成员休闲的首选方式，也屡屡成为两会热议的话题，并引发社会政策的调整。2009 年 12 月 1 日，

① 中国统计年鉴 2008，二、国民经济核算，2-1 国内生产总值．国家统计局网站 http：//www.stats.gov.cn/tjtj/ndsi/2008/indexch.htm.

② 建国 60 年——中国旅游业大事记．中国国家旅游局网站 http：//www.cnta.com/html/2009-9-10-15-26-79044.html.

国务院在《关于加快发展旅游业的意见》中，提出要设立“中国旅游日”的意见，更加体现出旅游在当代中国社会生活中的重要地位。

四、课题组提出的对策

本书除了对旅游现象进行学术研究外，还注重科研成果在解决实际问题上的应用。第五章研究了黄金周和休假制度，并提出了解决旅游社会问题的对策。值得欣慰的是课题组成员徐菊凤教授2006年1月17日发表在《光明日报》上的文章《黄金周制度改革的创新视角》中提出的对策建议的某些部分，在2007年国务院颁布的《全国年节及纪念日放假办法》和《职工带薪年休假条例》文件中被采纳。

五、对社会学的贡献

对旅游的社会学研究起源于19世纪末20世纪初的欧洲大陆，并且建立了旅游社会学分支学科。我国从20世纪80年代开始研究旅游社会学，目前已经出版了相关译著、教材和学术专著，也有若干学术论文发表。本书除了探讨前人成果中涉及的旅游动机、角色、制度和人际关系，以及旅游对社会变迁、社会文化、社会生活的影响等问题外，还在此基础上对前人成果有一些发展。

（一）拓展了社会学分支学科

1. 旅游社会学

本书第五章“旅游消费和社会政策”，探讨了21世纪前几年旅游消费和经济增长的关系。其中关于“黄金周”的研究不仅是我国刺激旅游消费以扩大内需、拉动经济的成功案例，也为世界各国开发旅游消费产品、发展本国经济提供了可以借鉴和操作性强的范式。与以往研究旅游社会学比较注重宏观研究不同，本书特别关注如何通过调整休假制度，使旅游真正成为个人日常生活的休闲方式，建立与此相关的休闲产业和文化创意产业，为21世纪旅游社会学的微观研究拓展了新视角、增加了新材料。

2. 语言社会学

本书以流行语为视角，研究流行语折射的旅游文化，是社会学和语言学的交叉研究。在语言学家公布的流行语基础上，深刻挖掘隐含在流行语背后的社会经济、政治、历史、文化、生活等诸多因素交织而成的复杂关系。此项研究不仅展示了某阶段反映旅游现象的流行语是什么，同时深入探讨了流行语现象的因果关系及其发展趋势。经过现代科技处理的主流媒体流行语反映的是某时期的社会热点问题，语言学家从考察新词语的角度，研究这些新词语是什么，哪些词语能流传下去，最后被收入汉语辞典。社会学家不仅关注这些流行语是什么，更注重考察流行语反映的社会变迁。

课题组把流行语看成文化特质，把相关文化特质整理为文化集丛，通过对文化集丛的分析和深入研究，探讨某时期对社会变迁产生重要影响的文化模式。第一章第三节表格中对旅游流行语进行的分析，显示了21世纪初流行语折射的旅游文化状况和概貌。从对旅游流行语进行的梳理中，反映出我国旅游活动、旅游产业的兴起壮大直至形成规模的发展过程。

（二）为流行文化研究开辟了新视角

以往中外的旅游社会学专著尽管从文化角度研究过旅游现象，但是没有把旅游作为流行文化现象加以研究；而以往研究流行文化的学术专著也很少涉及旅游。从我国旅游社会学研究的角度而言，那时的旅游机构没有现在的规模，没有形成在国民经济中占一定比重的产业，也没有超过10%的社会成员在相同时间段的广泛参与旅游和大规模流动。把旅游作为流行文化现象的研究只能在21世纪旅游成为当代中国社会大众广泛参与的活动，特别是2004年国家统计局和相关机构制定了《文化及相关产业分类》文件，把旅游产业列于文化产业之后。

从流行文化研究的角度而言，国外文化学者专著中分析的流行文化现象，基本局限在文学艺术领域，而很少涉及日常生活。本书把社会大众参与旅游活动的广泛性、积极性，看做某时期的流行文化潮流，这股时尚潮流改变了当代社会大众的生活方式和休闲方式。旅游文化的涵盖面既包括天文地理、历史文化，又涉及社会大众日常生活的衣食住行。本书把旅游纳入流行文化范围的研究思路，基于旅游活动的大众参与性、旅游产品的流行性和旅游机构的产业化。导论中专门探讨了旅游的流行文化特征。

运用社会学的符号互动理论和社会互构理论解释当代旅游现象，可以把书中提到的旅游热点看作文化符号引起的当代社会大规模的人口互动。在开发旅游符号、形成消费潮流，并引起大规模人群的参与互动中，交织着旅游者、旅游机构、旅游目的地之间的价值取向和利益关系，提供了更多现代性社会中个人与社会关系的经验事实和规律。本书描述的流行语折射的旅游现象不仅为了解 21 世纪我国的旅游状况提供了新视角、新数据、新材料，同时也为开发旅游产品、做大做强文化创意产业提供了丰富的可行性案例。

参考文献

专　著

［1］中华人民共和国国家旅游局．2005、2006、2007 中国旅游统计年鉴．北京：中国旅游出版社．

［2］中国社会科学院旅游研究中心．2003—2005 年中国旅游发展：分析与预测．北京：社会科学文献出版社，2005.

［3］张广瑞、刘德谦、魏小安．2004—2006 年中国旅游发展——分析与预测 / 旅游绿皮书．北京：社会科学文献出版社，2006.

［4］张广瑞、刘德谦．2008 年中国旅游分析与预测．北京：社会科学文献出版社，2008.

［5］高舜礼．中国红色旅游发展的历程、特征与对策．2003—2005 年中国旅游发展：分析与预测．北京：社会科学文献出版社，2005.

［6］刘思敏．红色旅游：政府主导 市场发力．2004—2006 年中国旅游发展：分析与预测．北京：社会科学文献出版社，2006.

［7］阎友兵．旅游开发问题研究．长沙：湖南师范大学出版社，2001.

［8］杜江，戴斌．中国出境旅游发展年度报告 2004. 北京：旅游教育出版社，2005.

译　著

史蒂芬·威廉姆斯著，杜靖川，曾萍，等译．旅游休闲．昆明：云南大学出版社，2005.

报　刊

[1] 陈敦山，栗军．试论藏族传统文化与藏族现代文化建设[J]，西藏民族学院学报，2002，23（2）.

[2] 殷晓晶．我国乡村旅游的起源、现状及发展趋势探讨[J]．集团经济研究，2007，236（7）.

[3] 陆美英．浅谈上海郊区乡村旅游发展现状及对策[J]．商场现代化，2007，502（5）.

[4] 田喜洲．休闲旅游“农家乐”发展探讨[J]．北京第二外国语学院学报．2002，107（1）.

[5] 陶正霞　黄国庆．关于“农家乐”旅游发展模式的探讨[J]．广西农学报，2007，22（4）.

[6] 段丽萍．西藏自治区旅游资源概况[J]. 四川地质学报，2003，23（3）.

[7] 朱普选，西藏旅游资源的地域特色及其开发评价[J]. 西藏民族学院学报，2002，23（1）.

[8] 彭岚嘉．物质文化遗产与非物质文化遗产的关系[J]．西北师范大学学报，2006，43（6）.

[9] 刘建平，陈姣凤，林龙飞．论旅游开发与非物质文化遗产保护[J]．贵州民族研究，2007，（3）.

[10] 魏晓霞．文化创意产业开拓旅游新空间．中国旅游报，2005—5—15.

[11] 郑泽敏．香港迪斯尼：榜样的得与失[J]．粤港澳市场与价格，2006，11.

[12] 丁华．论澳门博彩旅游的未来发展．特区经济，2006，（11）.

[13] 方百寿，等．作为旅游资源的澳门博物馆开发．热带地

理，2002，(2).

[14] 陈嘉贤. 剖析内地游客在澳门只作短暂停留的原因与对策. 旅游学刊，2008，(8).

[15] 孙九霞. 澳门文化资源的旅游价值及开发. 2002，(5).

[16] 袁继成. 澳门博彩业的发展及其回归后的经济定位. 湖北省社会主义学院学报，1999，(4).

[17] 郑向敏，王涛. 论澳门博彩业的娱乐休闲发展趋势. 北京第二外国语学院学报（旅游版），2007，(11).

[18] 丁华，戴宏. 澳门主要旅游客源市场分析. 长安大学学报（社会科学版），2007，(6).

网　络

[1] 刘德谦. 中国旅游 2006—2007：热点前瞻 6. http://www.casstourism.com/ArticleDetails.aspx?id=937&type=3，2008—1—12.

[2] 邵琪伟. 发展乡村旅游，促进新农村建设. http://www.cnta.gov.cn/news_detail/newsshow.asp?id=A20073121421450534l4.

[3] 数据根据以下网站资料整理而成：

中国旅游网 http://www.51yala.com/html/2006818161114-1.Html.

新华网(2008—3—10)http://news.xinhuanet.com/fortune/ 2008-03/10/content_7759885.htm.

新浪网（2007—12—23）http://www.sina.com.cn.

搜狐新闻（2007—07—07）http//news.sohu.com.

企点. 中国（2007—11—23）http://www.4490.net.

京报网（2007—09—19）http://www.bjd.com.cn.

[95] 中国汽车万维网（2006—11—08）www.chinaauto.org.

西藏旅游资讯网 http://www.xzta.org.cn.

陕 西 农 业 网（2007—5—27）http://linyou.sxny.gov.cn/sites/MainSite/Detail.aspx?StructID=4643.

拉萨旅游网 http://www.lasatour.com.

致 谢

本书的完成没有各方面的支持是不可能实现的，主编和全体作者在此感谢各位领导和专家对本书出版的支持。

感谢全国哲学社会科学规划办公室对本课题的立项和支持。

感谢北京市新闻出版局把《当代中国流行文化研究》丛书纳入2009年北京市重点图书选题。

感谢著名社会学家郑杭生教授为本书作序。

感谢北京联合大学副校长冯虹教授和科研处长姜招峰教授、北京联合大学旅游学院院长赵鹏教授和中国社科院旅游研究中心刘德谦教授对本书的支持。

感谢《首都师范大学学报》主编秦英君和《旅游学刊》主编宋志伟对课题组研究成果的支持。

感谢旅游教育出版社领导对本书选题的支持，感谢责任编辑赖春梅、陈志对本书付出的辛勤劳动，并提出富有成效的修改意见。